90代になっても輝いている人がやっているトシヨリ手引き

和田秀樹
Hideki Wada

毎日新聞出版

プロローグ　6000人以上のおトシヨリを診て、願うこと

私は、35年前、高齢者専門の浴風会《よくふうかい》病院に勤務して以来、たくさんのおトシヨリを診てきました。その数は6000人を超えていると思います。

職業柄、多くのおトシヨリの最期にも立ち会いました。ご家族とお話しする機会もありました。残念なことは、ご自分の生涯に悔いを残して去った方が、おおぜいいらっしゃったことです。

「糖尿病で、ずっと甘いものをがまんしてきたが、もっと早く食べたいものを食べておけばよかった」「好きなお酒を止められたが、やはり飲んでおけばよかった」「もっと旅行に行きたかった」など、いろいろな声をお聞きしました。

長生きしようと、医者や家族の言うことを聞いてがまんしてきたのに、最期は後悔が待っていたのでは、ご本人も納得できないでしょう。

医者の言うことを聞いて、おトシヨリにがまんを強いてきたご家族も、これでよかったのだろうかと疑問をもたれる人もいたでしょう。

私もそう思います。

人生の最期を迎えるときに、後悔してもしかたがないがまんというのは、あるのでしょうか?

おおぜいのおトシヨリを診てきた医師として、ひとつ言えることは、「生活の質を落とすようなことを、わざわざしなければよかった」と思っている人が、圧倒的に多かったということです。

「トシヨリらしく」は捨てましょう

私の経験から、おトシヨリが人生の最期で後悔したおもなものを挙げると次のとおりです。

●もっと好きなことをしておけばよかった
●もっといろいろな経験をしておけばよかった

●もっと自分の楽しみを優先すればよかった
●もっと周りに、自分の本当の気持ちを伝えておけばよかった
●お金を自由に使っておけばよかった
●医者の言うことを聞きすぎなければよかった

いくつかの項目は、みなさんも納得できるのではないでしょうか。にもかかわらず、多くのおトシヨリは、結局果たせないままこの世を去っていきました。後でお話ししますが「医者の言うことを聞きすぎた」というのも大きな理由だと思います。

もうひとつ、私がおトシヨリの願いを妨げていると感じるのが「おトシヨリとは、こういうものだ」という思い込みです。

たとえば「トシヨリの一人旅は、家族に心配をかける」「こんなことをすると、年甲斐がないと言われる」「トシヨリはでしゃばってはいけない」などです。

家族からの抑制もあるでしょう。塩分を控えめにした料理は、ぜんぶ薄味で美味しくない。息子から、たばこを控えろと取り上げられた。酒は飲むなと居酒屋へ行くことを禁止された、などです。

ここに挙げたのはほんの一例にすぎません。みなさんも、思い当たることがたくさんあると思います。家族の方からは、おトシヨリが心配だから、という声が上がりそうですが。

でも、その杞憂が、最期を迎えたおトシヨリに悔いを残してしまったとしたら、ご家族も後悔することになります。

では、どうすればいいのでしょうか?

「わがまま」がおトシヨリを元気にする

おトシヨリは、**勝手気ままに生きるのがいちばんいい**のです。

「わがまま」でいいのです。

一人旅に行きたければ、行けばいいのです。もしなにかあっても、それが一人旅でも二人旅でも、家族に迷惑がかかるのは同じです。おトシヨリに限ったことではありません。

塩分を控えなくても、それが原因で病気になるのは、いつになるかわかりません。たぶん、病気を発症しない人のほうが多いでしょう。

おトシヨリは、若い人にはない豊かな人生経験をもっています。**経験知を現役世代に伝えておくことは、とても大事なこと**です。でしゃばりかどうかは、相手が考えることです。そう思われたら、相手を代えて話せばいいだけのことです。

私のいた病院に併設された老人ホームの調査では、たばこは、65〜69歳以降であるならば、吸う人と吸わない人の生存曲線（その後の生存率を結んでできる曲線）は変わらないことがわかっています。吸いたいのをがまんするほうが、ストレスになって、かえってよくない人もいるでしょう。

こんな言葉も耳にしませんか？

「年相応に」「トシヨリの冷や水」「おトシヨリは、もう少し地味にしたほうが」などです。ひょっとしたら、ご自身でも思ってしまっているかもしれません。

でも、これらの言葉にはなんの根拠もありません。たぶん、昔の人がおトシヨリに抱いていた印象を、親から聞かされて鵜呑みにしていただけでしょう。

しかし、未《いま》だにこういう「世間の常識」が、無言の圧力をもっていることは、私もわかります。

かけがえのない老後をどうすごすかは、やはり家族や世間が決めるものではありません。**ご自身が考えて決めないといけない**と思うのです。

私は、多くのおトシヨリが後悔しながら去っていくのが、悔しくてたまりませんでした。

『最高の人生の見つけ方』（原題『The Bucket List』監督ロブ・ライナー

2007年）というアメリカの映画があります。

心優しい整備工のカーター（モーガン・フリーマン）と傲慢な実業家のエドワード（ジャック・ニコルソン）の二人が、偶然病院で同室になります。相容れない二人は、ともに末期がんで余命は半年。そんななか、カーターが死ぬまでにやりたいことを記した「棺おけ（バケット）リスト」をもっていることを、エドワードが知ります。

●赤の他人に親切にする
●涙が出るほど笑う
●荘厳な景色を見る

そこに、エドワードが「スカイダイビングをする」「ライオン狩りに行く」「世界一の美女にキスをする」……と付け加えたのです。エドワードは、一緒にひとつずつやっていこうと提案し、二人の生涯最後の冒険旅行が始まるのです。

二人でやり残したことを叶えていくうちに、無二の親友になっていくという話で、私の大好きな作品です（ちなみに「世界一の美女にキスをする」はラストシーンにあり、ほろりとさせられます）。

この映画がアメリカで大ヒットしたのを受け、日本では2019年、同タイトルで、吉永小百合さん、天海祐希さんの主演でリメイクされました。**死ぬまでに「やりたいことをやり遂げたい」。**この願望は、日本もアメリカも共通だったということです。

おカネは自分のために使う

おトシヨリにとって、かけがえのないものは、時間です。若いときに比べたら、残された時間はそう多くはありません。

懸命に働いていた現役時代は子どもを育てることや、ローンの支払い、会社の業績のためにがんばってきたと思います。自分の時間など、なかなかもてなかった人がほとんどでしょう。**おトシヨリになって、やっと自分だけが使える時間を手にした**のです。

財産も、あなたかご夫婦が協力してつくり上げたものです。どう使おうと、家族や他人からとやかく言われるものではありません。自由に使えばいいのです。

私は、おトシヨリと家族との確執も見てきましたが、多いのがお金がらみです。親が亡くなった後、相続を巡って子ども同士が仲違《たが》いするケースがじつに多い。なかには、母親の介護をすると言っていきなり同居を始めた娘が、いつの間にか財産の名義を自分に書き換えていたというケースもありました。

おトシヨリになれば、もう子どもたちも中年か熟年になっているでしょう。立派な大人です。自分で稼いだわけでもないお金が入ったら、人間はダメになる。人生経験豊富なおトシヨリならよくわかっているはずです。

ご紹介した映画は、ひとつの例ですが、**あなただけの「やっておきたいリスト」をつくってみる**のもいいかもしれません。自分のためにお金を使うのは、とても健全だと、私には思えます。

老後が心配だからと、お金を使うのをためらう人もいるでしょう。でも、本当に介護が必要となったら、働いていたときから、介護保険料も保険料も払ってきているのです。どうどうと国の保険制度を利用すればいいのです。そうすれば、以降はそんなにお金はかかりません。あなたの権利なのです。

確かに介護保険では、特別養護老人ホームに入るためには介護度3以上などの制約があり、完全ではない部分があるのも事実です。ただ、介護保険制度ができて23年が経ち（2000年4月スタート）、介護職員の質も、とてもよくなりました。昔に比べて介護施設の費用も安くなってきました。

病気になっても、高額療養費制度を使えば、一定以上はお金はかかりません。それは**びっくりするほど安い**ものです。日本の保険制度は、世界でも類を見ないほど充実しています。老後のお金の心配をしてしまうのは、日本の医療や公的介護の制度の現状をよく理解していないためです。

調べようと思えば、本やインターネットで調べることができます。ご自分でできないなら、息子や娘や孫など身近な人たちに手伝ってもらえばいいのです。そうすれば、老後に必要な最低限のお金がいくらぐらいかわかると思います。

調べた結果、年金だけでまかなえる人が多いことでしょう。ならば、**今ある貯金は、老後を楽しむための活動に充てたほうがいい**と思います。

第1章でお話ししますが、80代になったら旅行のためにお金を使おうと思っていても、体力が衰えてしまって行けなくなっているかもしれません。そうならないように、どうか家族や世間の常識に縛られず、今からでも「わがまま」になって、後悔のないよう、我が道を歩んでいってほしいと思います。

それでは、これから年を重ねても健康でいられる方法をお話ししたいと思います。

目次

第3章 すぐやりたくなるトシヨリ手引き――81

第4章 トシヨリは、わがままがいい――111

第5章 「いい医師」「いい病院」を見分ける手引き――149

第6章 認知症を先延ばしにする手引き――187

第1章

これからの「老い方」を知っておくと、ラクになる

「長く健康でいたい」

「毎日を楽しくすごしたい」

「いい人生だったと、振り返りたい」


おトシヨリの願いは、この三つに集約されるのではないかと思います。

これらは密接につながっています。健康でなければ、楽しいことはできません。楽しいことから遠ざかれば、いい人生だったとは言えないでしょう。

ただ、長く健康でいたいと願っても、若いときとは違い、体力は落ちていきます。これは生きものの宿命ですから、受け入れるしかありません。

しかし、希望はあります。70代の生き方次第で、老いてゆく速度を緩やかにすることはできるのです。

そのために、まず大事な数字を押さえておきましょう。

【健康寿命】

健康上の問題で日常生活が制限されることなく生活できる期間です。その年齢は男性が72・68歳、女性が75・38歳です（2022年版高齢社会白書）。数値だけを見れば、男女ともに70代で健康寿命が終わります。その後は、さまざまな制限が生じることになります。

【平均寿命】

生まれてから死ぬまでの平均年数です。男性は81・41歳、女性が87・45歳です（2022年版高齢社会白書）。あくまで統計データですから、この年齢を超えても元気なおトシヨリは、たくさんいらっしゃいます。

これらの数字からもおわかりのように、健康寿命と平均寿命との間に男性9年、女性12年の差があります。数字どおりなら、日常生活が不自由になる期間が、

9〜12年もあるということです。

長く健康でいるためには、**健康寿命の期間をどれだけ延ばせるか**にかかっています。ぎりぎりまで延ばすことができれば、その後の要介護や寝たきりの期間を短くできるわけです。

2050年には、100歳以上の日本人が50万人を超える見通しです。そして2060年には、人口の40%、つまり2・5人に1人が65歳以上のおトシヨリになると予測されています。

今でも、70代で認知症を患い会話がままならない人がいるいっぽうで、80代でも現役で仕事をしている人もいます。これからは、**健康を維持できた人と老いてしまう人との個人差がますます広がっていく**だろうと、私は思います。

では、この「健康格差」は、どこでついてしまうのでしょうか?

多くのおトシヨリを診てきて、ひとつだけ言えることがあります。

年をとるにまかせて、なにもしないでいると、ヨボヨボになる時期が早く来てしまうということです。

10年後に来る「老いの傾向」を知っておく

なにもしなければ、老化にブレーキをかけることができません。ですから、将来、自分の心身になにが起こるのかという「傾向」を知り、今から対策をしておくことが必要なのです。

健康寿命を延ばすために、まず知っておいてほしい「老いの傾向」が三つあります。

一つ目は、老化によって体力は低下していきますが、同時に心も弱っていくことです。逆に、**心が弱るから体も弱る**と言ったほうがいいかもしれません。ここは大事なところなので、第２章で詳しくお話しします。

二つ目は、老いていく過程で、健康を維持できるか、衰えてしまうのかが決まってしまう**「分かれ道」があること**です。それは、**70代にやってきます**。あらかじめ知っていれば、健康寿命を保つ心構えができますが、知らずにいると、ただ老いていくだけになります。本章の70代のところで詳しくお話しします。

三つ目は、**老いることに過度な不安をもってしまう**ことです。おトシヨリが老いる過程というのは、足下が見えづらい階段を一歩ずつ下りていく感覚に近いと思います。ですから、足を踏み外しそうになれば、慌ててしまう。冷静さを失ってしまうのです。

たとえば、検診でがんが見つかったときなどです。心理的にパニック状態に陥ったまま、医者に言われるまま治療コースに乗ってしまうと、本来、失う必要のない健康を突然奪われ、後悔することになるかもしれません。いったん立ち止まって、違う医療機関の医師にセカンドオピニオンを求めるなど、冷静に対応することが必要です。

健康寿命をできるだけ延ばすためには、60代、70代、80代、それぞれに訪れる「分かれ道」を先に知っておくことです。

年を重ねていくとなにが起こるかを事前に把握し、間違った方向へ進まないようにする。そのために、10年先にどのようなことが待っているか、ある程度イメージしておきましょう。

次ページの図は、老化の流れを一目でわかるようにしたものです。60代、70代、80代、90代と年代で区切っているのは、目安としてわかりやすくお伝えするためです。

では、これから年代別にお話しします。それぞれの年代に、健康寿命を延ばすか、それとも縮めてしまうかの「分かれ道」があることが、おわかりいただけると思います。

【80代】

老いを受け入れる

- ほとんどの人の脳にアルツハイマー型の変化あり
- 認知症発症率:30%以上
- 要支援・要介護比率:40〜50%
- 一人暮らしが多くなる

【90代】

認知症が当たり前になる

- 全員の脳にアルツハイマー型の変化あり。無症状性の脳梗塞（隠れ脳梗塞）も
- 認知症発症率:60%以上
- 要支援・要介護比率:70%以上
- 施設介護が前提に

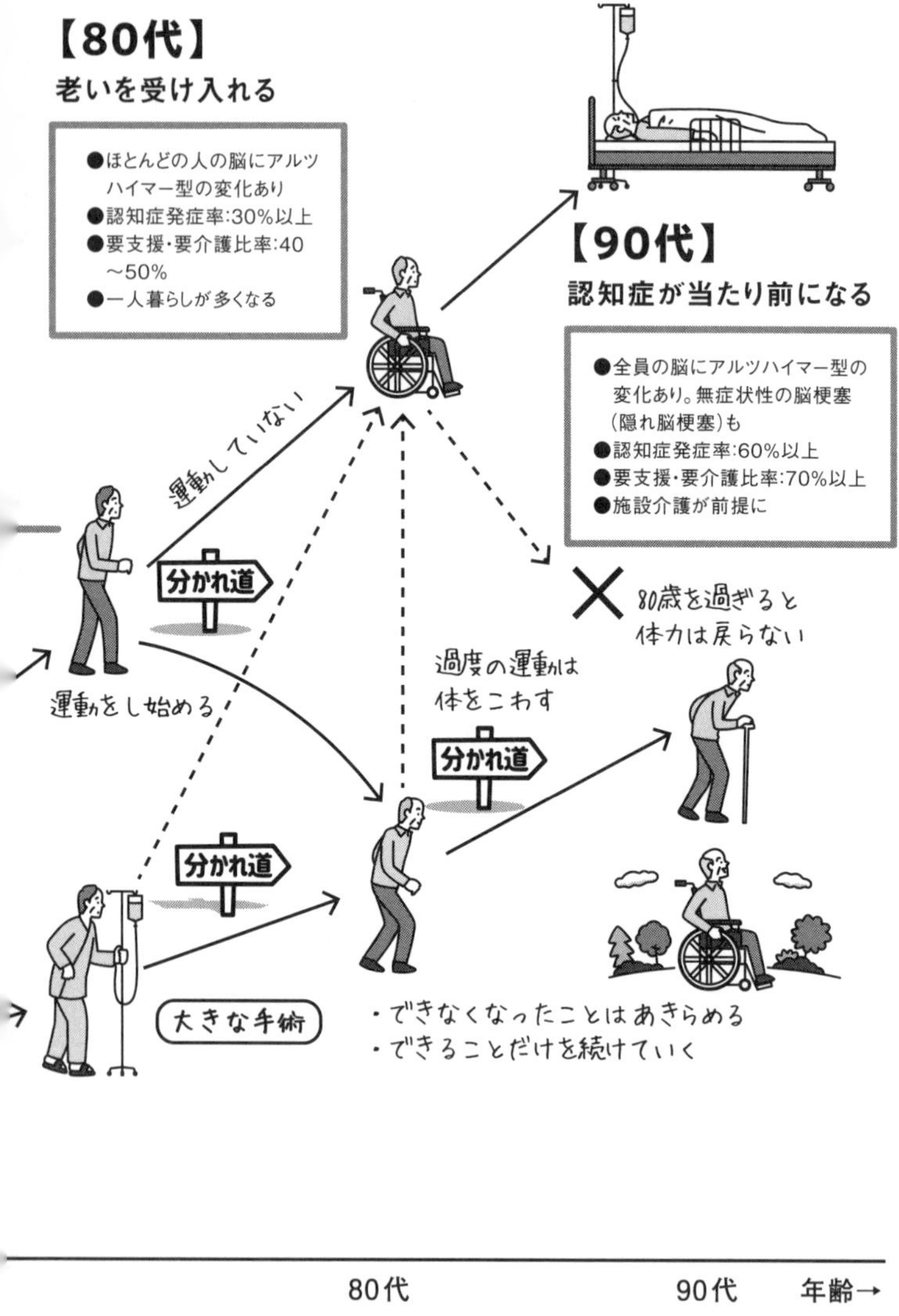

60代・70代・80代・90代
「老い方」の見取り図

↑寝たきり度

老化のスピードは人それぞれ大きく異なります。年代別に区切っているのは、わかりやすくお伝えするためです。老いていく過程で、健康寿命を延ばすことができる「分かれ道」がどこにあるかを覚えておいてください。

【70代】
健康寿命を延ばせるラストチャンス

- 脳にアルツハイマー型の変化が生じる人が増える
- 認知症発症率:8%
- 要支援・要介護比率:9〜10%
- 年金暮らしが大半に(無職化)

【60代】
定年退職や親の介護に直面

- 40代から始まっている前頭葉の萎縮が本格的に進む
- 認知症発症率は:1%未満
- 要支援・要介護比率は:2%未満
- 定年を迎え、トシヨリ生活が始まる

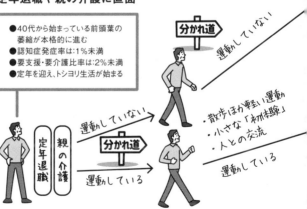

60代

60代を待つ定年というハードル

マンガ『サザエさん』の父、磯野波平さんは54歳。マンガではおじいちゃんのように描かれています。『サザエさん』の新聞連載が始まったのは、今から75年ほど前。戦後すぐで、当時はかなり栄養状態が悪かった。平均寿命は50歳くらいでした。驚くことに、54歳の波平さんは長寿の設定だったことになります。

いっぽう、今の60代は、とても若く見えます。見えるだけではなく、肉体的にもとても健康です。

戦後に生まれて栄養価の高いものをたくさん食べて育っていますから、その恩恵で30年も寿命が延びました。しかし、ここ20年の平均身長は伸びが止まっていますから、この先**さらに寿命が30年延びるというのはあり得ない**と思います。

老化の数値を見てみると、60代で認知症になる人は1％未満。要介護になる人は2％未満です。人から年齢を聞かれると、「もうトシヨリだよ」とは言うものの、実際には「若い人にはまだ負けない」と思っている人が多いのではないでしょうか。

さて、60代には、それまで健康だった体と心を変えてしまう「定年」という大問題があります。

60代以降は、身体的な変化だけではなく、社会的な変化も生じます。多くの人は60歳、もしくは65歳で定年を迎え、会社という居場所がなくなります。将来的には「70歳定年」が定着するとも言われていますが、60代になると嘱託社員などになり待遇が変わることも多いので、50代までとは働く環境も大きく変わるにちがいありません。

役職から外され、給与が下がる。かつての部下が上司になることもある。環境や人間関係の変化によって、ストレスが大きくなり、抱えきれなくなってしまう人もいるでしょう。

とくに会社人間だった人は、定年によって心のよりどころを一気に失うことになります。ポッカリと胸に穴が空いた気分になる人もいるでしょう。定年後にうつ病になる大きな原因になっています。

また、60代になると、子どもが成長して親元を離れていく人も多いと思います。これも、ひとつの喪失体験でしょう。

定年は、第二の人生の始まりと言われるように、新たな環境へとあなたの背中を押してくれるものでもあります。**ありのままの自分を認めてくれる人間関係をつくるチャンス**だと考えることもできます。

自分を認めてくれるのは、かつての職場の人間だけではないのです。新しい職場を探してもいいですし、ボランティアを始めるのもいいでしょう。家族との関係を見直し、家庭生活を充実させるという選択肢もあります。

交友関係も、趣味でつながった会社仲間なら、退職しても付き合いは続くでしょう。また、近所の居酒屋やボランティア、趣味のサークルなどで、新たな友だちをつくることもできます。

70代までにはまだ時間があります。心身ともに健康なまま70代を迎えるためにも、長く付き合える仲間を増やしていきましょう。

介護を一人で抱え込んではいけない

60代になれば、家族の介護に直面する人も増えてきます。配偶者の介護、そして親の介護にも無縁ではいられません。

60代のあなたの親がご存命ならば、だいたい80代から90代の高齢者だと思います。最近は、60代の子どもが、80代、90代の親の介護をするというケースが増えています。これも「老老介護」です。

身体介護では、トイレ介助をはじめ入浴の介助、ベッドから車いすへの移乗など、抱きかかえたり体を支えたりすることが一日に何度もあり、かなりの体力を消耗します。

60代になれば、もう若いときほどの体力はありません。腰痛や関節痛などの持病を抱えている人も少なくないでしょう。そのうえ、介護はあなた自身の時間を奪います。外出することや、友だちと話す機会も失います。

いちばん恐れるのは、**介護する人とされる人の共倒れ**です。追い詰められ、介護うつになってしまう人もいます。では、共倒れしないために子どもはどこまで親の介護をすべきでしょうか。

私は、介護保険など公的な福祉制度をできるだけ利用して、**一人で抱え込まないように**とアドバイスしています。「あなたが介護うつになるくらいだったら、ホームを利用したほうが絶対にいいですよ」と例外なく忠告してきました。

親を施設に預けることに抵抗感のある人にその理由を聞いてみると、介護施設全般に対して不信感を抱いていることが多いと感じます。虐待など介護施設内での事件が起きていることや、介護を他人に委ねることに後ろめたさを感じているということもあるようです。

しかし、介護保険制度が始まって23年が経った今では、介護施設の質とサービスが昔と比べものにならないほど向上しています。職員たちの入所者への接し方も、総じてうまくなっています。

それでも抵抗感がぬぐえない場合は、地域包括支援センターに相談することをおすすめします。介護・医療・保健・福祉などの側面から高齢者を支える「総合相談」の窓口です。職員は担当地域の介護施設の状況を把握していますから、最適な施設を紹介してくれるはずです。

親孝行をしなければ、というお気持ちはよくわかります。しかし、**親にとっての最大の願いは、我が子が幸福でいること**だと私は思います。

60代は、束縛が強かった会社員生活や、子どもの養育から解放され、自分のために時間を使える年代だといえます。新人トシヨリのスタートです。これから30年は続くトシヨリ生活をどんどん楽しみましょう。やってみたいと思う仕事を始めるのもいいし、新たな出会いを求めて趣味の活動を始めるのでもいい。自由になった時間は、すべてあなたのものなのですから。

70代

70代は、健康寿命を延ばせるラストチャンス

70代になっても、体力も気力も60代と同じようにすごせるだろう。そう思っている人もいるかもしれません。

はっきり言いますが、幻想です。

70代で認知症になる人は8％、要介護になる人は9〜10％います。60代に比べて認知症は8倍、要介護になる人は5倍と一気に増えます。

若いころから体を動かしてきた人と、そうでない人の差が出てくるのも70代です。だからこそ、この年代の人たちは、意識して体を動かす必要があるのですが、わかっていてもだんだん体を動かしづらくなってきます。

「靴下を立ったまま履こうとしたら、よろけた」「畳に座った状態から立ち上がろうとしたら、一度では立てなかった」「なにもないところで、つまずくようになった」「重い買い物袋をもつのがつらくなってきた」などといったことが、日常生活でときどき起こるようになってきます。

これは、**生活するうえで必要な筋肉や足腰が衰えてきている**ということです。「あなたの基礎体力は弱ってきている。運動不足ですよ」というサインだと思ってください。そのまま体を動かさないでいると、寝たきりや要介護状態に向かってまっしぐらに進んでいくことになります。

このように介護を必要とする一歩手前の状態をフレイルといいます。フレイルとは「虚弱」という意味ですが、年をとって体と心が衰えた状態のことを指します。

あなたが、フレイルかどうかをチェックする方法がありますので、ご紹介しておきましょう。次の5項目のうち3項目以上当てはまると、フレイルの可能性が高いといわれています。

①体重が去年と比べて4・5キロ以上減った。
②疲れやすい。なにかをしようと思っても、めんどくさくて、やる気が起きない。
③歩く速さが、前より遅いと感じる。
④握力が弱くなってきている。
⑤出かけるなどの活動が減ってきている。

この段階ではまだ要介護になっているわけではないので、いわば「維持できている状態」と「崩れそうになっている状態」が共存しているわけです。

健康なままか、ヨボヨボか？　体のサインを見逃さない

70代の「分かれ道」とは、体の動きの悪さに甘んじてしまい、「まあ、年だからしようがない」と思ってしまうか、これはイカンと思えるかどうかです。この**「分かれ道」に気づくかどうかが、とても重要**なのです。

図(30-31ページ)は、70代から矢印がふたつに分かれています。ひとつの方向は、杖を使うかもしれませんが、80代になっても外に出かけられるほど元気です。

いっぽう、「年だからしようがない」とあきらめてしまったもうひとつの方向に進むと、最終的には寝たきりになってしまうこととなります。

たとえば、スキーに行って足を骨折したとします。20代、30代の若い人であれば、病院のベッドで1カ月寝たきりの生活をしても、退院後ほどなく歩けるようになります。

しかし、70代の人は違います。骨折が治っても、すぐには歩けません。1カ

月ベッドで寝ていた結果、筋力が低下してしまい、場合によってはそのまま寝たきりになってしまう可能性があります。60代のころまでに体を動かしてこなかったツケが、骨折したときに表れてくるのです。

もう一度言いますが、**70代ならまだ老化にブレーキをかけられる**のです。最後のチャンスなのです。

なかには、運動したい気持ちはあるけれど、年のせいかやる気が出ないという人もいるでしょう。これが、先ほどお話しした「心が弱ると、体も弱る」ということです。**70代になると前頭葉が委縮し、とくに男性は男性ホルモンの減少が大きく影響**してくると考えられます。これはとても大事なことなので、第2章で詳しくお話しします。

「手術するか、しないか?」問われる70代

70代になると、フレイルの症状が顕著に表れることは、すでにお話ししました。その分、病気になる可能性も高くなります。

人間、自分だけは病気にかからないと思っているものです。だから、たとえば医師から「あなたは、がんです」と宣告されれば、驚きます。頭が真っ白になってしまうかもしれません。

病気は、突然表れる大きな人生の「分かれ道」です。

体力がある若いうちなら、手術やその後の治療にも耐えられるでしょう。しかし、70代になったら、がんの手術や治療をせずに、放っておくという選択肢もあると私は考えます。

なぜなら、治療による体へのダメージが大きく、体の衰弱が激しいからです。詳しくは第５章でお話ししますが、70代でがんの手術をするということは、その後の生活に大きな影響を及ぼすことだけは覚えておいてください。

80代

80代からは「老いを受け入れる」

大きな病気もせず、事故にも遭わず80代を迎えられていたら、すばらしいことです。天寿をまっとうしつつあるということです。

ただ**80代は、体力と気力の衰えが一気に出てくる年代**でもあります。認知症になる人は、70代では8％程度だったのが、80代では30％以上。介護が必要になる人は、70代の5倍となり40〜50％になります。

顔にシワやシミが増えて見た目が老けて、体も動かなくなった自分を受け止める。80代は、老いにあらがった70代から「老いを受け入れる」方向に切り替える時期になります。

「できなくなった」と嘆かずあきらめる

年をとると、できなくなることがどんどん増えていきます。私も、年上の友人たちの老化するさまを目の当たりにすることがあります。

先輩のSさんは、無類の読書家でした。退職後は、本さえあれば生きていけると豪語していましたが、目の病気になってしまいました。まったく見えないわけではないのですが、本を読むのが難しくなったとのこと。Sさんが落ち込んでいると知人から聞いたので、「うつ病にならなければよいが」と心配していました。

1年ほどたったころ、Sさんと親しい人からSさんの近況を聞かされました。本を読むことはあきらめたそうです。そのかわり、もっといい方法を見つけたとか。

Sさんは、**目を使う読書はあきらめ、オーディオブックを活用して耳で読書を楽しんでいる**そうです。しかも、音声だと散歩しながら本を楽しめるので、毎日2万歩ほど歩くようになり、とても元気にすごしているということで、私も安心しました。

80代になり、85歳をすぎたくらいからは、誰かの手を借りることが増えていきます。「できなくなった」と嘆くよりは、そこはあきらめて、なにかほかにできることを探してみませんか。誰もが老いていくのですから、老いを忌避《きひ》して生きていくことのほうが不自然です。

できることを大事にする

「老いを受け入れる」というのは、もうなにもせず、あるがままに自然の流れに身を委ねる、という意味ではありません。

今までできていたことが、もうできなくなったと自覚したら、生き方をうまく切り替えることです。

「できること」と「できないこと」を整理して、今できることを続けていくようにするのです。**「できないこと」については、スッパリやめる。**そのかわり、**「で**

きること」を補助してくれる道具を積極的に使うことです。

歩くことはできるが、足下がおぼつかないと感じているなら、杖を使って歩く。トイレが近くて外に出かけるのが億劫《おっくう》なら、オムツをつければ尿意を気にせず遠くに行くことができます。

耳が遠くなって、相手がなにを話しているのかわからない。だから、人と会いたくない。そう思ってもあきらめないで補聴器をつければ、聞こえるようになります。お互いに大声で話す必要もなくなるでしょう。そうすれば、人と話す機会を失わないですみます。

なかには、杖なんかまだ使いたくない、オムツをつけるなんて恥ずかしい、補聴器なんていかにも老人っぽくってかっこ悪い、などと思う人もいるでしょう。老いと闘う意識の強かった人であれば、なおさらだと思います。

しかし、「できないこと」に固執するよりも、「まだできること」、つまり残存能力に目を向けて、それを維持することのほうが、賢明な生き方だと私は思います。

80代になったら、「できなくなったこと」を認めて、補助器具をフル活用する。それが「老いを受け入れる」ということです。

90代

認知症が当たり前の90代

「認知症になるのだけは避けたい」と考える人は多いと思います。ですが、高齢になれば、ほとんどの人が認知症になります。90代は、認知症になるのが当たり前の年代なのです。

80代ではおよそ30%、90歳を超えると60%以上が認知症と診断されます。実際、85歳以上のおトシヨリの脳の解剖結果を見ると、アルツハイマー型の変性（神経原線維変化や老人斑）のない例は、ひとつもありませんでした。

認知症は老化現象であって、病気ではないとするのが私の考え方です。長生きする以上は、認知症になることを前提で考えないといけないと、私は思います。

だとすると、過度に恐れたり、あやしげな認知症予防の対策をあれこれ試したりするよりも、認知症になったらどうなるか、どのような対策をとればいいかを事前に知っておく必要があります。

認知症は老化ですから、ゆっくり進んでいきます。進み具合も人それぞれです。第６章で詳しくお話ししますが、認知症の進み具合を遅らせるためには、**頭と体を使い続ける**ことです。

90歳を超えて脳の変性はあっても認知症の症状が表れない人は、ずっと頭と体を使い続けてきた人だと言えます。老いにあらがうことに成功した、いわば「元気エリート」と呼んでいいと思います。

１０５歳で逝去された日野原重明さんや、99歳で逝去された瀬戸内寂聴さんなどは、まさに「元気エリート」と呼ぶにふさわしいでしょう。

彼ら彼女らのようにはなれなくても、60代から健康寿命を延ばす取り組みを行っていれば、90歳を超えても、認知症の症状が表れないように先延ばしできるかもしれません。

この章では、老いていく道筋をお話ししてきました。

60代、70代、80代、それぞれの年代に健康寿命を左右する「分かれ道」があることが、おわかりいただけたと思います。

おトシヨリになれば個人差が大きくなり、年代別にご説明したのはわかりやすくするためであることは、すでにお話ししたとおりです。このような道筋をあらかじめ知っておけば、老いへの心構えと対策ができると思います。

あとは、**ご自分の体や心の声に耳を傾ける**ことです。そうすれば今、「分かれ道」の前に来ているのだと実感できると思います。健康寿命を延ばすために、おだやかな日々をすごすために、その道標はあなた自身のなかにあるのです。

第2章

「やってみたかったこと」が意欲を生み出す

「心が弱ると、体も弱る」

と第1章で書きました。体を動かすことが大事だとわかっていても、意欲がどうにもわいてこない。すべてがめんどくさい。そう思っているおトシヨリは多いと思います。

「最近、やる気が出ない」と感じるようになったら、注意が必要です。**「感情が老化」している**状態かもしれません。感情の老化は、早い人で40代から始まります。**感情の老化こそ、あらゆる老化現象の元凶**とも言えるのです。

この感情の老化は、体の老化と違い、なかなか自分では気づきにくいものです。放っておくと、おトシヨリの活力をどんどん奪ってしまいます。

たとえば、昔はとてもきれい好きだったのに、片づけや掃除がだんだん億劫になり、いつの間にか散らかり放題の汚部屋になってしまう。

あるいは、外出するのが楽しみだったのに、どこかに行きたい気持ちがわかず、家に引きこもりがちになってしまう。ファッションに関しても、以前はおしゃれな洋服を着ていたのに、だんだん無頓着になっていく。

これらに当てはまる人は、感情が老化している傾向にあると言えるでしょう。感情の老化が原因となって、心も体も見た目も一気に老け込んでしまうのです。このまま放っておくと、健康なまま長生きすることは叶わなくなります。ひどくなると、うつ病や認知症を引き起こす恐れもあります。

感情の老化を防ぐことができれば、知力、体力の老化も防ぐことができます。年をとったからといって、知力や体力は意外と衰えないのです。

感情の老化は前頭葉の萎縮が原因

では、なぜ感情の老化が起きるのでしょうか？

その原因のひとつは、**前頭葉が萎縮し、老化する**ためです。

人間の脳（大脳皮質）の表面積は、新聞紙1枚程度と言われています。それをクシャッと丸めて頭のなかに入れたのが、脳の大きさだとお考えください。

そのうち前頭葉が占める割合は4割ほどで、いちばん大きい。あらゆる動物のなかで、前頭葉がこれほど発達しているのは人間だけです。

私は、高齢者医療の臨床現場で膨大な数の脳のCT（コンピュータ断層撮影）検査とMRI（核磁気共鳴画像法）検査の画像を見ているうちに、あることに気がつきました。脳のなかで最初に老化が始まるのは、前頭葉だったのです。

前頭葉は、「意欲を生む」「創造する」「判断する」「感情をコントロールする」など、人間らしさをつかさどるもっとも大事な器官です。残念なことに、脳はここから老い始めるのです。

ルーティンを避けることが前頭葉の老化を防ぐ

たくさんの脳のCT検査やMRI検査の画像を見てきた経験から、もうひとつ気づいたことがあります。

それは、**前頭葉の萎縮に大きな個人差があった**ことです。さらに、機能の衰えの度合いには、もっと大きな個人差があったのです。

前頭葉が萎縮していくのは老化現象ですから、避けられません。ただ、第１章でお話ししたように、心と体の老化にはブレーキがかけられます。

じつは、脳のほかの部位以上に**前頭葉は、使っていないと衰えてしまう部位**なのです。ですから、刺激のない平穏な日常生活をすごしていると、前頭葉は働かなくなり、「廃用現象」が起きます。廃用現象とは、使わない器官の機能が衰えることで、加齢とともにその傾向は強まります。

では、どうすればいいのでしょうか。

前頭葉を刺激することです。

前頭葉が衰えてくると、なにもかもがめんどくさくなり、どんどん日常生活がルーティンになっていきます。ですから、前頭葉の老化を遅らせるための手っ取り早い方法は、**日常生活におけるルーティンをなるべく避ける**ことです。たとえば、外食する際は、なじみの店だけではなく、話題の店や行ったことのない店を試してみることです。

近所に新しいレストランができたら、とりあえず行ってみる。行くのが初めてですから、道に迷ってしまうかもしれません。美味しいかどうかも、食べてみないとわかりません。すべて経験したことのないものばかりです。こういった挑戦の数々が、前頭葉を刺激するのです。

ちなみに、私もチャレンジしています。ささいなことですが、なるべく電車を使うようにし始めました。それによってさまざまな人間観察に挑戦しています。初めのうちは、「めんどくさい」と思うかもしれません。しかし、続けていけば、行く先々で新たな発見があり、眠っていた意欲や好奇心がわいてきます。

具体的にどんなことをすればいいかは次項から詳しくお話ししますが、前頭葉を刺激し、たえず働かせ続けることが大事なのです。

では、続けていくにはどうすればいいのでしょうか。

習慣化がめんどくさい気持ちを解消する

定年前の働いていたころを思い出してください。会社員だった人は毎朝、勤務先に通っていました。気持ちが乗ろうと乗るまいと、出社しなくてはいけませんでした。

それでも、会社に行けば、否応なく上司や同僚と顔を合わせますし、来客者への応対もあります。出張では、行ったことのない場所へ行き、初めてのお店で昼食をとるなど、日常茶飯事だったと思います。これだけでも十分に、前頭葉は刺激を受けていたわけです。

ですから、リタイア後も、日常的に感情や思考を刺激することを意識的に行い、習慣化するのです。

散歩を習慣にしている人ならわかると思いますが、初めのうちは歩くのがめんどくさく感じられます。それでも、がんばって1週間ほど続けると、歩くことがそれほど苦ではなくなってきます。そしてひと月ほど経つと、歩きたくてウズウズしてきます。散歩に行きたいと体が訴えるようになり、歩かないとかえって気持ちが落ち着かなくなるのです。

新しい習慣が体に根づくまでには時間が必要です。ですが、**習慣にできれば、もうめんどくさいという気持ちは消えて、ずっと続けていける**でしょう。

実際に、70代から山登りをしようと決めて、習慣にできた人は、80代になっても体力がある限り続けることができます。山登りに限らず、体を動かそうという心がけは、生涯続くに違いありません。

なにも体を使う趣味だけではありません。観劇や絵画、囲碁、将棋、カラオケや俳句なども、習慣にできれば、80代になってもやめたいと思うことなく続けられます。

あなたがもし、会社勤めをしていたときにゴルフをしていたのであれば、また復活するのもいいでしょう。すでにゴルフの習慣が体に根づいているのですから、退職したからといってやめてしまうのはもったいない。その気になって練習を再開すれば、すぐにまた習慣化できるはずです。行ったことのないゴルフ場のコースを回るのも、新たな刺激になります。

「昔、やってみたかったこと」が意欲を鍛える

放っておくとどんどん老化は進みますが、前頭葉に刺激を与えることで脳は活性化し、意欲や好奇心がわいてきます。そのためには、**好きなことを習慣化するのが最も効果的**です。

さきほど散歩の話でも触れましたが、始めるときは少しだけ負荷がかかります。好きでもないことから始めると、スタートでつまずいてしまいます。ですが、

好きなことなら続けられる可能性が高い。そのうえ、**目標を設定するとモチベーションが生まれます**。

たとえば、時間ができたら四国のお遍路88カ所を巡ってみたいと思っていたとしたら、ただの散歩が、お遍路のために足腰を鍛えるという目的の準備に変わります。このように考えると、気力がわいてきます。少し大げさな言い方かもしれませんが、**生きる糧**にもなってきます。

お遍路は一例にすぎません。今はプールのなかを歩いているけれど、いずれは50メートルをクロールで泳げるようになりたい、シニア向けのマラソン大会に出場したいなど、いろいろと挑戦したいことがあると思います。

舞台「放浪記」の主役を務めた今は亡き森光子さんが、一日100回のスクワットを続けていた話は有名です。

舞台のなかで、主人公の作家・林芙美子が小説の新聞掲載を喜び、「でんぐり返し」をするシーンがあり、ここが女優・森光子の見せどころでした。森さんは、この「でんぐり返し」をするために、毎日１００回のスクワットをしていたとおっしゃっていました。

健康状態を配慮して公演を中止した後も、森さんは舞台復帰を願って、晩年までスクワットを続けていたということですから、モチベーションのもつ力はすごいものだと改めて思います。

私が映画監督だから言うのではありませんが、映画を観るのもよいでしょう。60歳以上のシニア向けに、チケット代一律１２００円で鑑賞できるサービスを提供する映画館もあります。テレビやパソコン、ｉＰａｄでも視聴できますが、劇場の大きなスクリーンで鑑賞する映画は、格別です。

映画館に足を運ぶだけでも、運動になります。街に出かけて、映画を観て、その後、美味しそうなお店を探して、食事をして帰ってくれば、もう十分に好奇心は刺激されます。

新作映画は、次々に公開されますから、毎週、映画を1本観るという目標を立てると、新聞やテレビでの映画の告知にも関心が向くようになってくるでしょう。

このように、**日常生活のなかでさまざまな目標を設定すると、ルーティンな生活から抜けだせます。**生活そのものに張りが出て、楽しくなること請け合いです。

どんな小さなことでもいいので、毎週1、2回は新たな体験をしてみることをおすすめします。

男性ホルモンを増やしてやる気をアップ！

意欲が低下してくる理由は、前頭葉の衰えだけではありません。

男性の場合、年を重ねるにつれて男性ホルモンが減ってきます。私の臨床経験から、とくに70代になると、8割の人が不足がちになっていると思います。

男性ホルモンが減ってくると、性機能が衰え、筋力も落ちてきます。性的に枯れた人は、ふつうの人よりも早く体が衰えるので、見た目も老けていきます。

さらに、男性ホルモン研究の進歩によって、**男性ホルモンの減少にともない、性欲だけでなく、意欲全般が落ちる**ことがわかってきました。

とくに問題なのは、**人への関心が薄れてきてしまう**ことです。これは性別に関係ありません。人付き合いがめんどくさくなってきます。その結果、外出する気力を失って、家に閉じこもることが増えます。

定年退職後の夫が、特に趣味もなく、暇をもてあまして、なにをするにも妻の後をくっついてくる様子を「濡れ落ち葉」などと揶揄《やゆ》します。この状態を引き起こしているのは、まさしく男性ホルモンの減少なのです。

あるいは、「眠れない」「気持ちが落ち着かない」「意欲がわかない」など、うつに似た症状を訴える人もいます。こうした男性更年期障害とうつ病は間違えられやすいので、ご自身やお連れ合いが急に気分が沈みがちになったり、老け込んだりしたときは、病院で男性ホルモン値を測ってみることをおすすめします。

男性ホルモンの低下が原因のうつ症状の場合は、男性ホルモンを投与して、症状を回復させることができます。

いっぽう、**女性の場合、更年期以降は男性ホルモンが増えるのが通常**です。その影響で、閉経後は元気になって積極的になっていきます。

スポーツクラブへ行くと、70歳以上だと思われるのは、ほとんどが女性です。男性ホルモンが増えると行動的になりますから、定期的にスポーツクラブに通い、汗を流すことも苦にはならないのでしょう。

仲間と連れだって旅行に行く、新しい習いごとをするのも、男性より圧倒的に女性が多いように思います。

ただ、男性ホルモンが増えるいっぽう、女性ホルモンが減ってきます。肌のツヤが悪くなってくるのは、女性ホルモンの減少によるものです。

さらに、骨粗鬆症《こつそしょうしょう》の原因にもなりますから、魚やキノコ類、卵黄、レバーなど、ビタミンDが多く含まれる食べ物をとることなどを心がけるといいと思います。

恥ずかしがらず エロティックになっていい

本当はやってみたいのに、「いい年をして」という非難めいた言葉が頭に浮かんで、思いとどまったりしていませんか。

やはり、したいことはがまんせずに、どんどん試してみたらいいと思います。たとえば、「性的な行為に積極的になる」ことです。俗な言葉でいえば、もっとエロティックになっていいということです。**セクシュアルな欲求は、男性ホルモンを増やす**からです。

日本では高齢者の性をタブー視する傾向がありますが、それはプロローグでもお話ししたように、昔の道徳観を引きずっているからです。アダルトサイトを見るのもいいでしょうし、恋を楽しむとか、女性がいるような店で会話を楽しめば、「相手を喜ばせよう」と思って前頭葉を使うので、一石二鳥です。男性ホルモンが保たれると、結構アクティブになれます。

恋をしたい、アイドルを応援したい、アダルトビデオを見たいなどと思うのは、まだ枯れていない、健康の証しです。

日本人は無修正ポルノを違法ＤＶＤだと思っていますが、先進国でポルノが解禁されていないのは日本くらいです。児童ポルノと違い、欧米では合法のものです。日本は民主主義国家なのですから、選挙で法律を変えることもできます。

実際、このような性的映像は、確実に男性ホルモンの分泌を高めるとされています。世界でいちばん高齢者の比率が高い我が国こそ合法にして、脳と体の若返りを図ることが、自分のためであり、国のためでもあると理解される日を願ってやみません。

世間がタブー視していても、自分にブレーキをかけず、「楽しそうだな」とか「面白そうだな」と思えることを、あれこれやってみたらいいのです。

1日15分の日光浴が元気と快眠をもたらす

気分が少し落ち込んでいるとき、外に出て日の光を浴びると、気持ちが明るくなってきたことはありませんか。

それは、脳内にある神経伝達物質、セロトニンの分泌量が、日光を浴びることで増えたからです。

セロトニンは別名「幸せホルモン」と呼ばれ、自律神経のバランスを整えて、心をリラックスさせてくれるものです。日々、明るい気持ちを保つためには欠かせないものといっていいでしょう。

セロトニンの分泌量が減ると、うつ病のリスクが高まります。実際に、うつ病の薬の多くは、なんらかの形でセロトニンの量を脳内（正確には、神経間をつなぐシナプス内）で増やすように設定されています。シナプス内にセロトニンが少ない状態が続くと、うつ病を引き起こすと考えられているからです。

もうひとつ、**日光浴が大事な理由は、睡眠の質を向上させる**からです。

目覚めて日光を浴びると、セロトニンが分泌されます。逆に暗くなってくると、眠くなるホルモン「メラトニン」が分泌されて、自然に眠気を誘います。つまり、セロトニンはメラトニンの材料なので、日光をしっかりと浴びた夜は、快眠できるということです。

おトシヨリになると、「寝つきが悪い」「睡眠が浅い」「眠れない」などと悩む方がたくさんおられます。このように不眠を感じている人は、**外に出て、1日15分程度は日光を浴びる**ことが大切です。日光浴は、午前中がおすすめです。

セロトニンを増やしやすく、体内時計も整います。

つまり、光を浴びる生活が、メラトニンの分泌や量を調整して、体内リズムを正常に保ってくれるのです。

そこで大事になってくるのが、**生活のリズムを整える**ことです。

起床時間が不規則な生活を続けていると、日光を十分に浴びることができず、セロトニンが分泌されなくなります。セロトニンが十分に分泌されないと、メラトニンの分泌も減り、眠気が起きにくくなります。

また、朝起きてすぐに強い光を浴びないと、体内時計がリセットされず、生活のリズムが崩れていきます。

さらに、家のなかの照明の下でずっとすごしていると、メラトニンの分泌が不自然になるので、自然な眠気は訪れません。人間に本来、備わっているはずの体内リズムが狂ってしまい、一日をただぼんやりとすごすだけになります。

しかも、メラトニンは、年齢とともに分泌量が減っていきます。

若いころはよく眠れた人でも、年を重ねると、睡眠時間は短くなるものです。これも、メラトニンの分泌量と関係があったのです。そう考えると、おトシヨリには、ますます光を浴びる生活が大事になってきます。

人間が本来備えている体内リズムを取り戻すためにも、外ですごす時間が私たちには必要なのです。

93歳で亡くなったマンガ家の水木しげるさんは、生前、「適当にやらないとね、漫画家は死ぬよ。寝なきゃ駄目。食べたいものは、食べないと駄目。疲れたら、休まないと駄目」と語っていました。60歳で亡くなった手塚治虫さんや石ノ森章太郎さんのことが、念頭にあったようです。

手塚さんは、移動中のタクシーのなかでも、飛行機のなかでも、自身が出席するパーティー会場でも、連載中のマンガの原稿を描いていたそうですから、日々締め切りに追われて、かなり不規則な生活だったろうと思います。

これほどの不規則な生活を送っている方は少ないと思いますが、健康寿命を延ばすためには、生活のリズムを保つことはとても大事なのです。

長生きする人は肉を食べている

意欲を維持するためには食事も大事です。

「元気エリート」の日野原重明さんや瀬戸内寂聴さんは、ともに肉好きで有名でした。日野原さんは、朝からステーキを食べていたそうです。おふたりは、たんに肉好きというだけではなく、肉の効用を十分に理解しておられたのだろうと思います。

おトシヨリになると、肉を控えた野菜中心の食事が体にいいと思っている人が多いようですが、それは間違っています。

じつは、70歳を超えた日本人の5人に1人は、たんぱく質不足に陥っています。日本人の食生活は欧米化してきていますが、それでも1日当たり100グラムほどの肉しか食べていません。いっぽうアメリカでは、300グラム食べています。日本人の約3倍です。アメリカ人くらい食べなさいとは言いませんが、**日本人の肉の摂取量はまだ少ない。もっと食べたほうがいい**と思います。

年をとると意欲が低下していく理由に、セロトニンと男性ホルモンの減少が大きくかかわっていることは、先ほどお話ししました。

肉には、セロトニンの材料となる「トリプトファン」というアミノ酸が多く含まれています。**肉をたくさん食べることで、セロトニンの生成が促進され、意欲の低下が抑えられる**のです。

また、肉にはコレステロールが多く含まれていますが、**男性ホルモンの材料**にもなります。性機能だけでなく、人への関心や集中力を維持する手助けをしているのです。

肉をよく食べ、コレステロールをとるようにすれば、男性ホルモンの減少に歯止めをかけることができるのです。さらに、コレステロールは、セロトニンを脳に運ぶ役割も果たしていると言われています。

コレステロールは動脈硬化を促進し、心筋梗塞のリスクを高めるとして、とくに「悪玉コレステロール」とされているものは、日本ではとかく悪者扱いされていますが、間違った思い込みです。

コレステロールが〝悪玉〟と言われる理由は、日本の医療界が、日本人の食生活や体質、あるいは疾病構造を考えず、欧米の研究は正しいとして、そのまま鵜呑みにしただけにすぎません。

実際、アメリカの死因のトップは、心筋梗塞をはじめとする心疾患です。いっぽう、日本での死因のトップはがんで、心筋梗塞になる人は格段に少ないのです。さらには、**コレステロール値が低いと、がんになりやすい**というデータもあります。

日本人の平均寿命が世界トップクラスになった理由のひとつは、戦後、戦前とは比べものにならないほど肉を食べるようになり、コレステロールの摂取量が格段に増えたことです。たんぱく質やコレステロール摂取量が増えたことで、血管が強く、しなやかになり、出血性の脳卒中による死亡者が激減したのです。

ですから、**おトシヨリは肉を食べることを控えてはいけません**。日野原さんや寂聴さんが、最期まで元気でいらしたことが、なによりの証明と言えるでしょう。

引退するのは老後生活のリスク

70代ともなれば、多くのおトシヨリはすでに現役時代に働いていた会社を退職していると思います。なかには、もう十分働いてきたから、これからはなにもしないでのんびり生活を楽しもうと思っている方もおられるでしょう。

これまでの話からもおわかりのように、仕事をリタイアしたときに、あらゆる活動をいっぺんにやめてしまうと、一気に老け込みます。

会社は辞めたとしても、培ってきた自分の能力や経験を使わないでいるのは、誠にもったいない。

じつは、**働くことが、もっとも手っ取り早く前頭葉を刺激してくれる**のです。なぜなら、働いていれば日々、それなりの知的活動や人とのコミュニケーションがあり、さまざまなことに遭遇するからです。仕事の内容がデスクワークであっても、通勤で思っている以上に体を使っているものです。

ところが、退職して家にこもりがちになると、70代の人なら1カ月くらいで運動機能がずいぶんと落ちてしまいます。その影響で、前頭葉の老化が加速し、前頭葉が萎縮して意欲がなくなる――。これはまさに、負のスパイラルだと言えます。

そうならないためにも、退職後の生活でなにをするかを考えて、事前に準備をしておくことが大切です。「退職したら少しゆっくりして、それから次のことを考えよう」などと思ってダラダラしていると、いつの間にか時間がすぎていってしまいます。

実際に、働き続けると、平均寿命が上がることを示すデータがあります（本文中の調査データは、総務省統計局による）。

長野県は、かつては都道府県のなかでも平均寿命は上位ではなかったのですが、１９７５年に男性は全国４位になり、１９９０年以降は何度も全国１位になっています。

２０１０年には、男女とも平均寿命は１位となりました。その後、男性は

2015年に滋賀県が1位、長野県が2位（81・75歳）となりましたが、女性は1位（87・675歳）をキープしています。

なぜ、これほどまでに長野県は長寿の県になったのでしょうか。

私は、高齢者の就業率の高さにあるのではないかと考えています。

これまで、高齢者就業率で何度も全国1位になっています。2017年には、長野県は男性は41・6％で全国1位、女性は21・6％でともに山梨県と同率1位でした。

このことは、沖縄県の平均寿命と就業率を比較してみるとわかります。

かつて沖縄県は、長寿県のイメージがありました。ところが近年では、男性の平均寿命は全都道府県中30位以下で、2015年では36位（80・27歳）です。ところが、女性は7位（87・44歳）です。

なぜ、沖縄の男性と女性の平均寿命に差があるのか。その理由には、就業率があると私は考えています。

じつは、沖縄県の高齢者の就業率は、全国で最下位（男女で19・7％）なのです。

女性の場合は、若いころから専業主婦の人もいますし、高齢になっても家事全般を担っている人が多いので、就業率がそれほど寿命に影響を及ぼしていないと考えられます。

しかし、男性の場合は、かなり影響しているのではないかと私は考えます。長野県は、高齢者1人当たりの医療費が全国で最低レベルです。これも働いているから、元気な人が多いという証しなのではないでしょうか。

現在は寿命が延びて、90歳、100歳まで生きる時代ですから、**「引退する」という考え方自体が、老後生活のリスク**になります。いつまでも現役でいようとすることが、老化を遅らせて、長い晩年を元気にすごす効果的な方法なのです。

やりがい重視で仕事を選べるのは、おトシヨリの特権

現役時代の働く目的は、生活のためにお金を稼ぐためだったと思います。結

婚すれば、家族の生活費をはじめ、住宅ローン、子どもの教育費などがかかってきます。また、結婚の有無にかかわらず、老後の資金を貯める必要性も出てくるでしょう。

ですが、今はもう定年を迎え、多くのしがらみから解放されていると思います。生活していくうえでの最低限の資産を蓄え、年金もあります。

お金のことをあまり気にせず仕事を選べるのは、おトシヨリの特権です。興味があればやってみる。イヤになったらすぐ辞める。嫌いな仕事など、する必要はありません。

先日、スーパーに行くと、定年退職後にアルバイトで働いていると思われる男性スタッフがいました。売り場がわからずに困っていると、若いスタッフよりもずっと親切に、テキパキと案内してくれて、とてもうれしくなりました。おトシヨリは、多くの人生経験を積んでいますから、人間関係もこなれています。

現役のときに培ってきた知識や経験は、場所が変わっても活かせるということとです。

退職後の社会参加として、**ボランティア活動はひとつの選択肢**です。

ある企業の重役だった方は、週に1回、配食のボランティアをしているそうです。社会福祉協議会などから依頼を受け、高齢者宅にお弁当を届けながら、安否確認をする「見守り」サービスです。

届け先のおトシヨリとは、必ず会話を交わすそうです。その方は、「私のボケ防止のためにやっています」と言っていました。「ひとりのボケ老人として、ボケをかましています」と、とても楽しそうでした。

ある福祉施設に行ったとき、シニアの女性がタオルを畳んでいました。施設の利用者かと思っていたら、ボランティアで来ている人でした。その女性は一人暮らしなので、「なにかしないと、社会との接点がなくなる」と、始めたのだそうです。週に1回来て、昼食を一緒に食べて会話を楽しんでから帰るそうです。

とてもいいアイデアだと思います。**人の役に立ちながら、自分も楽しむことができる**のですから。

ボランティア活動ができる場所は、老人福祉施設、障がい者施設、介護施設、児童養護施設、子ども食堂など、いろいろあります。

お住まいの地域の自治会のゴミ拾いや除草などの清掃活動、図書館や児童センターなどでの絵本の読み聞かせ、おもちゃの出張修理（おもちゃの病院）、子どもの通学時の交通誘導など、多種多様な活動があります。

お金よりも、社会貢献などのやりがいを重視して仕事を選ぶことができるのは、リタイア世代の特権でもあります。

とくに今、介護の仕事は人手不足と言われています。あなたが体力に自信があるなら、定年後や子育て、あるいはご自身の親の介護を終えた後に介護の仕事をするというのも、意義ある選択だと思います。

第3章

すぐやりたくなるトシヨリ手引き

健康で長生きするためには、どうすればいいのでしょうか。

この章では、「老い」にブレーキをかける具体的な方法をお話しします。

まずは、すぐできる食事の話から始めましょう。

コレステロール値も塩分も気にしない、好きなものをしっかり食べる

第2章では、肉を食べることをおすすめしました。しかし、毎日肉だけを食べ続けることなど、ふつうはできないでしょう。飽きてきますし、ひとつの食材ばかり食べ続けるのは、それ以外の栄養素が欠けてしまうので、よろしくない。

食事は、栄養のバランスが大事です。たんぱく質、脂質、炭水化物の三大栄養素のほかに、野菜、果物も食べて、ビタミンやミネラルなどもとったほうがいい。

このように、いろいろなものを食べる**「雑食」**がよく、1日に30品目が目安だと言われています。

ただ、家庭で料理する場合は、どうしても使う食材の種類が限られてしまいます。ときどき外食をして、楽しみながら多様な食品を摂取するのがいいと思います。

私の**おすすめは、ラーメン**です。麺で糖質がとれ、最近はスープも化学調味料は少量だったり不使用の店も多くなっていて、10種類以上の食材が使われています。トッピングにメンマや卵、焼きのり、焼き豚などいろいろ選べば、雑食メニューとしては打ってつけです。

なかには、コレステロール値が上がることを心配する人もいるでしょう。

しかし、コレステロールは第２章でお話ししたとおり、男性ホルモンの材料になります。そのうえ、セロトニンを脳内に運ぶ機能も担っているので、コレステロール値の高い人ほど、うつ病になりにくいことがわかっています。さらに、がんになりにくいというデータもあるのです。

このように**コレステロールは、おトシヨリに不可欠なもの**です。罪悪視しないで、自分が好きなものをしっかり食べることが大切です。

塩分についても、とりすぎると血圧が上がると医師から言われて、控えている人は多いと思います。しかし、塩分の少ない料理は薄味すぎて、美味しくない。美味しくない料理を食べ続けるのは、おトシヨリにとって幸せなことでしょうか。人間100歳まで生きるとしても、おトシヨリの残りの人生は、限られています。私は、人に幸福感をもたらしてくれるもののなかでも、美味しい食事は、かなり上位に入るものだと思っているからです。

減塩食を美味しくないと感じるのは、高齢になると臓器の働きが落ちるため、体が塩を求めている可能性があります。

人間は、ナトリウム（塩分）がなければ生きていけません。高齢になると腎臓が塩分を排出し、血液中の塩分不足を引き起こすことがあるのです（低ナトリウム血症）。

腎臓には、血液を濾過《ろか》して余分なナトリウムを体の外に排出する働きがあり、足りなければ再吸収して保とうとします。ところが、老化が進むと体内に保とうとする能力が落ちて、吐き出してしまう。

この現象によって、塩分不足になってしまうのです。そのため、高齢になると塩分を欲しがる人が増えるのです。日本では1日にとる塩分は6グラム以下が推奨されていますが、**10〜15グラムがいちばん長生き**というデータが世界中で出ています。

ちなみに、おトシヨリが交通事故を起こす理由のひとつに、この低ナトリウム血症があると見ています。ナトリウムが急激に低下すると、けいれんや昏睡などの意識障害の症状が出るので、運転中に起これば事故の原因に十分なりうるからです。

塩分をとりすぎると、血圧が上がる原因になります。しかし、血圧を正常値まで下げれば長生きできるという、日本人を対象にした大規模調査によるエビデンスは、ありません（第5章）。かえって血圧を下げるほうが、頭がぼんやりするなど問題が多い。

おトシヨリになったら、「塩分を控えないといけません」といった医師の指示をただ受け入れるのではなく、**料理は好みの味つけで美味しく食べたほうが、精神的には健全**だと思います。多少、寿命が短くなっても、好きな食べ物をがまんしない生き方があっていいのではないでしょうか。

よく噛むことは、健康長寿につながる

「よく噛んで食べなさい」と、子どものころによく親御さんに言われたことがあると思います。じつは、おトシヨリの健康維持のためにも、大切なことなのです。

噛む力が衰えると、どうしても誤嚥《ごえん》しやすくなり、その結果、誤嚥性肺炎を誘発してしまう恐れがあります。

また、誤嚥がたびたび起こると、食事がつらくなってきます。そうなると、食が細くなり、栄養不足になりかねません。栄養が足りなくなれば、筋力も弱

くなり、体調を崩す原因にもなってしまいます。

よく噛むことが大事な理由は、ほかにもあります。

よく噛もうとすれば、顎の「咬筋《こうきん》」を何回も動かす必要があります。咬筋は、三叉《さんさ》神経を介して脳につながっています。ですから、咬筋をよく動かすと、認知機能をつかさどる大脳や扁桃体《へんとうたい》を刺激するので、脳が活性化し、認知症の予防につながります。

反対に、噛む力が衰えてくると、生野菜をはじめ硬い食べ物よりも、麺類などのやわらかいものを食べるようになってきます。そうなると、野菜や肉不足からビタミンが足りなくなり、認知症の発症リスクが高まってくるのです。

よく噛むためには、歯が丈夫でなければいけません。

歯がほとんどない人は、20本以上ある人に比べて、認知症の発症率が1・85倍も高いというデータがあります。実際、**アルツハイマー型認知症の患者は、野菜の摂取量が少ない**こともわかっています。

よく噛むことは、健康で長生きすることに直結しているのです。

今、歯の調子がよくない人は、入れ歯やインプラント治療をするなど、ある程度はお金をかけてケアすることをおすすめします。

ちなみに、噛む力を鍛える食べ物といえば、ガムやスルメが浮かんできますが、ほかのものでもかまいません。私は「都こんぶ」を買ってきては噛んでいます。

子どものときに周りの大人たちから言われた「よく噛んで食べなさい」は、おトシヨリになったあなたへの教えでもあったわけです。

心地よく眠るためには寝る前に温かいミルク

おトシヨリの悩み相談でいちばん多いのは、「眠れないのが気になる」でした。有効な方法は、「朝、同じ時間に起きる」ことだとお話ししました（第2章）。

じつは、食事でも有効な方法があります。

それは、**寝る1〜2時間前に、温かいミルクを飲む**ことです。欧米では夜、子どもがベッドに入る前に、温かいミルクを飲ませる家庭が多いのですが、とても理にかなっているのです。

牛乳には、人を眠りに導いてくれる三つの力があります。

一つ目は、牛乳がセロトニンの材料である「トリプトファン」という必須アミノ酸を含んでいることです。牛乳を飲むと、体内でセロトニンが生成され、夜になると睡眠物質のメラトニンに変化して、安らかな眠りへと誘ってくれます（第2章）。

二つ目は、牛乳にはカルシウムがたっぷり含まれていることです。もともとカルシウムは睡眠に深くかかわる物質で、交感神経を落ち着かせ、気分をリラックスさせてくれる働きがあるのです。

三つ目は、温めた牛乳が胃のなかに入ることで、いったん体温が上昇することです。上昇した体温が、少しずつ下がってくるときに、自然と眠気に誘われていくのです。

トリプトファンは、体内で生成できない物質のため、食事で摂取する必要があります。

トリプトファンは、牛乳だけでなく、さまざまな食品に含まれています。

たとえば、豆腐にもトリプトファンがたっぷり含まれていますから、**夕食に湯豆腐を食べておくと、眠りやすくなる**と思います。

このほかにも、チーズやヨーグルトなどの乳製品、納豆や湯葉やきな粉などの大豆食品、牛や豚や鶏のレバーなども、トリプトファンを多く含んでいますから、寝つきがよくなる食材だと言えるでしょう。

「フーテンの寅さん」のように旅に出る

第2章で、前頭葉は、想定外のことが起こると刺激されるとお話ししました。

見るもの、聞くもの、食べるもの、肌で感じるもの、嗅ぐもの、すべてを目新しく感じるためには、やはり旅をすることだと思います。五感すべてで、新鮮な刺激を受けることができるからです。

旅は、遠くに行くことだけではありません。

生活圏内からちょっと離れた場所に行くことも、旅なのです。

初めて訪れる土地の商店街で、陳列された商品を見ながら歩いてみる。電車に乗って、これまで降りたことのなかった駅で下車し、近所の町並みを巡ってみる。季節ごとに咲く花を探しに、いろいろな公園へ出かけてみる。旅のヒントは、あなたの身の回りにいくらでも転がっているのです。

ただ、日本人のクセで、なにかしようと思うと、つい生真面目に計画を立ててしまいがちです。考えるだけでめんどくさくなってしまう人も、いるかもしれません。

そういう人は、「フーテンの寅さん」のように、ふらりと出かけるのもいいと思います。松竹映画『男はつらいよ』シリーズ（山田洋次監督）の主人公、テキヤ稼業の車寅次郎のことです。

寅さんは、風の吹くまま、気の向くままに、全国各地を巡っていました。

そこまでしなくても、たとえば、サイコロをもって出かけて、電車やバスに乗ったら、下車する駅や停留所はサイコロの目で決める。

サイコロに行き先を決めてもらえば、あとは運任せです。なにがあるかわからない、まさに想定外なことがあなたを待っています。

前にテレビで見たのですが、日本に観光旅行で訪れた外国人の若者2人が、目をつぶったままガイドブックを開き、人差し指が示すところへ行くという方法をとっていました。

指差した先のひとつは、ある地方の小さな神社でしたが、それでも観るものすべてがもの珍しかったようで、とても楽しそうでした。

予備知識がまったくないというのも、脳をとても刺激してくれるのです。

いつもとは違う場所に行くだけで、前頭葉は刺激されます。天気がいい日に太陽光を浴びれば、気分がよくなり、質のよい睡眠もとれるのです。

なかには、行ったことのない街に一人で行くと、道に迷ってしまうかもしれないと心配する人もいるでしょう。

でも、外国に行くわけではありません。ここは日本ですから、言葉は通じます。おトシヨリに親切な人が多い国です。道がわからなくなったら、近くにいる若い人に聞いてみましょう。その人が地元の住民ではなかったとしても、すぐにスマホで調べ、丁寧に教えてくれると思います。

若い人も、おトシヨリに親切にすることで、すがすがしい気分になるのではないでしょうか。

見知らぬ人に声をかけるのは気が引けるという人も、いるかもしれません。ですが、おトシヨリなのですから、遠慮なく若い人たちに助けを求めましょう。相手が応じてくれたら、その親切に感謝すればいいのです。

あなたの謙虚な姿が若い人たちに伝わり、おトシヨリに親切にする風潮が、世代を超えて広がっていくことになるのですから。

運動のやりすぎは逆効果

70代までなら、運動することで老化にブレーキがかけられるとお話ししました。

ただ、なかには激しい運動をしなければいけないと思い込み、スポーツジムに通い詰めたり、毎日20キロを走ったりするなど、スポーツ選手のように運動する人がいますが、これは体によくありません。

無理な運動をすれば、体に過剰な負荷がかかり、転んで骨折する可能性も高くなります。骨折すれば、若い人のようにすぐには治りません。そのまま寝たきりになってしまうこともあります。

おトシヨリになれば、動脈硬化も進んでいますから、あまりに激しい運動をすると、突然死する危険性もあります。

おトシヨリには、**長く続けられるゆるやかな運動**が適しています。

いちばんいいのは、やはり**散歩**です。ジムに行く必要もなく、手軽に始められます。日中、太陽の光を浴びながら歩くと、セロトニンが体のなかでたくさんつくられますから、おだやかな気持ちになり、意欲もわいてきます。

普段の生活で体を動かす方法は、いくつもあります。

外出するときはいつも、エスカレーターを使わないで、階段で上り下りする人もいるでしょう。とてもいいことです。

階段を使うなら、上り階段ではなく、**下りの階段のほうが、足腰をより鍛えることができます。**

足腰が弱ってきても、上り階段は時間をかければ案外、上れるものなのです。逆に、足の筋力が弱ってくると、下りるのが怖くなります。

これは、足の筋肉の弱ってくる順番と関係があります。階段を上るときに使う筋肉よりも、**下るときに使う筋肉のほうが先に弱ってくる**ためです。

転倒の恐れがあるので、無理は禁物ですが、もしご自分の足で階段を上り下りしたいのであれば、まず**下りの練習**をしましょう。

散歩のほかにおすすめしたいのは、**水中ウォーキング**と**太極拳**です。

水中ウォーキングは全身を使いますし、水の浮力が働くので、関節に負荷がかかりません。おトシヨリには、とても合っている運動のひとつだと思います。

ゆっくり体を動かすのであれば、太極拳がいいと思います。太極拳は、古来中国に伝承された武術です。知人に誘われて私もやったことがありますが、簡単そうに見えて、なかなか奥の深いものでした。

太極拳には、「走る」「跳ぶ」といった瞬発力が求められる動作がないので、おトシヨリでも取り組みやすいと思います。ゆっくりとした腹式呼吸で体内の血の巡りがよくなり、新陳代謝が活発になります。

そのほか、第2章でも少し触れましたが、**昔やっていたスポーツを再開する**

のもおすすめです。

体の動かし方は、筋肉が覚えているでしょうし、新たに始めるスポーツよりも、体の負担は少ないはずです。

自分の体力に合わせて徐々に再開すれば、長続きすると思います。おトシヨリの運動は、**無理なく、長く続けられることがいちばん大事**なのです。

おしゃべりが頭の老化を予防する

おトシヨリになると、語学や歴史を学び直そうと、独学を始める人がいます。

ただ、残念ながら一人で黙々と学ぶやり方では、前頭葉の老化を防ぐ役には立ちません。知識を頭に入れるだけの「インプット型」の方法では、前頭葉を刺激することができないのです。**頭に入れた知識を外に向けて発信する「アウトプット型」のほうが大事**です。

アウトプットするいちばんいい方法は、**「人と話す」**ことです。

お芝居と違って、日常の会話には台本がありませんから、相手がなにを話してくるかわかりません。聞いた瞬間に考え、すぐ応じる。すると、相手から返事がくる、それに応える……延々とやり取りすることになります。

前頭葉を鍛えるには、想定外のことが大事だと、お話ししました。「人と話す」ことは、言ってみれば想定外の対応が連続することなのです。

96歳で亡くなられた英文学者の外山滋比古《とやましげひこ》さんと晩年、雑誌の対談でお話しする機会がありました。「高齢者の勉強法」がテーマだったのですが、外山さんはのっけから、「トシヨリは勉強なんかしたらダメだ」と、言い切っていました。

外山さんのお話の趣旨は、新たにインプットする必要はない。おトシヨリは**これまでの経験をふまえて知識を加工し、「自分の考え」としてアウトプットする。**これを意識して行いなさいということでした。

私も、外山さんと同じ考えです。

本を読んで勉強するということは、既存の知識をインプットすることにすぎません。今や知識も情報も、スマートフォンがあれば、おおよそのことはすぐに入手することができます。

ときどき、「○○という本に、こう書いてあった」「評論家の○○は、こう言っていた」など、覚えた知識をそのまま話す人がいますが、これでは前頭葉は活性化されません。自分の意見として、加工がなされていないからです。

では外山さんは、どうしていたのか。

週に2〜3回、「口の悪い老人」を集めて、みんなで議論していたそうです。議論のテーマはなんでもよく、結論が出なければ、それでもよいと。

たとえば、高齢者の医療費を減らすにはどうすればいいかという話題が出たとき、「たくさんの高齢者が一緒に話せる大きな銭湯を、地域ごとにつくるといいのではないか。そうすれば、おしゃべりするために病院の待合室まで行く人が減るから、医療費もだいぶ減らせるかもしれない」など、ワイワイ話していると、話題がどんどん広がり、アイデアが次々と出てくるそうです。

おトシヨリは、すでに豊富な人生経験をもっています。そこに、今まで蓄えた知識を加味して話すことができるのが、おトシヨリの強みではないでしょうか。

外山さんの例のように、別に議論しなくてもいいのです。普段の会話でも、話の内容はさまざまで、**予想外の展開**になりますから、話をしている全員の前頭葉は、フル稼働しているのです。

なかには、誰かと話す機会がなかなかないという人も、いると思います。でも、今は幸いなことに、ブログやフェイスブック、インスタグラムやラインといったSNS上のさまざまなコミュニケーション・ツールが充実しています。直接会って話ができなくても、知らない人と気軽に交流できる環境があります。

自分の意見をSNSに書き込めば、誰かが見てくれて、メッセージをやり取りするチャンスが訪れるかもしれません。

どのようなツールであれ、**インプットよりも、アウトプットすることで、前頭葉は活性化されるのです。**

オムツ、杖、車いす……使えるものは、なんでも使う

「老いを受け入れる」というのは、あきらめるという意味ではないと、すでにお話ししました。できなくなったことはきっぱりあきらめて、まだできていることを維持するという意味です。

老いを受け入れられない人は、車いす、杖、大人用オムツを使うことをかたくなに拒否してしまいがちです。

「オムツなんて、恥ずかしくてつけられない」

「車いすは使いたくない。まだ自分の足で歩きたい」

「たまによろけたりするけれど、杖をつくほど年老いてはいない」

しかし、拒否し続ければ、だんだん行動する範囲が狭くなり、家に閉じこもりがちになってしまいます。

医師の立場から見て、老いを受け入れるのが下手だと感じるのは、とくに尿漏れ対策の大人用オムツの使用を嫌がる人が多いことです。

今は、**若い女性も尿ケア用のパッドを使っている時代**です。もはやオムツは、高齢者を象徴するものではありません。

私自身も、心不全の治療で利尿剤を服用しているため、トイレが近いので尿漏れパッドつきのパンツを着用しています。

新型コロナウイルスの感染拡大の影響で、コンビニエンスストアが客にトイレを貸してくれなくなったこともあり、外出するとトイレが心配で、車を運転しながら四六時中、トイレを探し回るということがあったためです。

尿漏れパッドをつけたおかげで、外出時の心配が解消され、とても快適になりました。

睡眠も、快適になります。

夜、何度も起きてトイレに行く必要もなく、安心して眠ることができます。質の良い睡眠がとれると、心と体が癒やされます。おトシヨリには、とくに睡眠の悩みをもつ人が多いので、**オムツによる睡眠効果は大いにある**と思います。

日本の紙オムツは世界でいちばん性能が優れていますから、利用しないのは本当にもったいないと思います。

車いすの使用を拒否する人の理由のひとつに、「自力で歩かなくなったら、ますます歩く機能が落ちてしまうのではないか」という懸念があります。

「最近、なんだか足下がおぼつかない。転んでしまったらどうしよう」などと、外出に危険を感じていても、健康のために無理して歩いている人もいます。

努力を続けるのはすばらしいことですが、心配なのは、ひとりで外出しているときに、転倒してしまうことです。

自分がやりたいことに**身体機能が追いつかないときは、杖や車いすを使いましょう。**車いすで出かけた先の安全な場所で、歩けばいいのです。

というのも、日本には、年齢や障害の有無にかかわらず、できるだけ多くの人が利用できる「ユニバーサルデザイン」という考え方があるのに、街の公共施設や環境が、あまり整備されていないのです。

道路や建物内の至るところに段差がありますし、駅のホームから改札口まで移動するのにエレベーターがついているところは、まだ少ない。

日本の介護保険制度は福祉を充実させたように見えますが、おトシヨリたちを施設に集めるか、おトシヨリの家に訪問するかに重点が置かれています。杖をついても、車いすでも、気軽に出かけられるような街づくりが、超高齢社会では必要なのですが、未だに対応できていないのです。

おトシヨリが今できることは、外出する前に段差を避けるコースを自分で探しておくしかありません。そのうえで、**早めに補助具の使い方に慣れておくほう**がいいと思うのです。

杖や車いすを拒否し続けていると、「小さな旅」にも行けなくなります。

実際に補助具を使ってみると、これまで以上に生活が快適になりますから、外に出かけるのが楽になります。

外に出かけて、太陽の光を浴びる。レストランへ行き、美味しいものを食べる。利用できる補助具はなんでも使って、平穏な日常生活をできるだけ長く維持することです。

イライラしてきたらまず深呼吸、そして好物を食べる

おトシヨリになると、イライラして怒りっぽくなってくることは、避けられません。これはセロトニンの減少と、男性ホルモンのテストステロンの減少に

よって、精神的に不安定な状況に陥ることが増えるからです。

女性の場合、女性ホルモンのエストロゲンの分泌が減ってきますから、男性と同じように、次第に情緒が不安定になることが増えます。

怒りの抑制は、前頭葉が担っているのですが、年をとり前頭葉が縮小していくにつれて、抑制する機能が弱まってきます。

つまり、**イライラしたり、怒りっぽくなったりするのは、老化現象**なのです。それが頻繁に起きれば、確実に寿命を縮めることになります。

人はイライラしたり、腹を立てたりすると、交感神経が刺激されて、心拍数が跳ね上がります。すると血圧が急上昇しますから、心筋梗塞や脳梗塞のリスクが高まってしまうのです。

かつて、田中角栄元首相がすさまじい政争のさなかに脳梗塞で倒れたのも、イライラや怒りが頂点に達したのが理由だったからだろうと思います。

では、イライラしたり、腹が立ったりしてきたら、どうすればいいのか。

深呼吸をしましょう。

深呼吸して、脳に酸素が十分に行き渡ると、脳内の「扁桃体」という部分の興奮がおさまり、それが交感神経の興奮をしずめます。

「イライラしてきた」と感じたら、目を閉じて、大きく背伸びしながら、ゆっくりと大きく息を吸い込んで、そしてゆっくりと吐き出す。呼吸に意識を集中させて、なにも考えず無心になるのがコツです。

この深呼吸を何回か繰り返す。そうすれば、次第に気持ちが落ち着いてくるはずです。

深呼吸で取り込まれる酸素量は、通常の7～8倍にもなります。新鮮な空気が大量に入ってくると、血液の循環がよくなり、脳の酸素不足が解消されます。また、意識してゆっくり呼吸することにより、心拍数も減り、リラックス効果が得られます。

さらに、いい方法をご紹介しましょう。

好きなものを食べることです。消化器系を刺激すると、交感神経の興奮を抑えてくれるからです。水をコップ1杯、飲むだけでも効果はありますが、好物に勝るものなしです。

私は、美味しいものを食べながら怒っている人を、ほとんど見たことがありません。先ほど、おトシヨリにとって、美味しいものを食べることが幸福感をもたらす上位にくるものだとお話ししましたが、これもひとつの理由なのです。

おトシヨリを幸せにする言葉
「そのうちなんとかなるだろう」

おトシヨリになれば、お連れ合いや友人など、身近な人が亡くなることも増えてくるでしょう。油断すると、マイナス思考に陥ってしまう可能性があります。

私が知っている経営者に、カラオケに行くと、必ず植木等《ひとし》の「だまって俺について来い」を歌う人がいます。「そのうちなんとかなるだろう」というサビの部分の歌詞が印象的で、能天気な明るい歌です。

この社長の座右の銘は、「そのうちなんとかなるだろう」だそうで、なんとも楽天的なこの言葉を胸に、裸一貫から創業し、数々の危機を乗り越え、会社を大きくしてきたということです。

私は、この**「そのうちなんとかなるだろう」**という言葉を、おトシヨリにぜひおすすめしたいのです。

マイナス思考に陥ると、ますます行動力は鈍り、前頭葉の衰えを加速させてしまいます。その状態を放っておくと、うつ病になってしまう危険性もあります。

おトシヨリは、**年を重ねるほどに、プラス思考を心がけること**です。

そうすると、脳内でドーパミンの分泌が増えていきます。ドーパミンは、人に幸福感を与える神経伝達物質で、人にやる気を起こさせてくれます。行動的になれば、体力を維持し向上させることができますし、前頭葉も活性化します。

マイナス思考になりかけたら、「そのうちなんとかなるだろう」と、声に出して言うことです。人間の脳は案外、単純にできていて、このような前向きな言葉を声に出すことで、ドーパミンが分泌されるのです。

昭和の時代の大経営者、松下幸之助氏は、社員採用試験の面接で「君は運がいいと思うかね」と尋ね、「はい、運がいいと思っています」と答えた人だけを採用したというエピソードがあります。

これは、松下氏が「人生では楽天主義が大事」だということを、骨の髄から知っていたということでしょう。

私は、**「老後こそ、楽天主義が必要」**だと考えています。老いてくると、先ほど述べたような数々の試練が待っています。その試練に耐えて、乗り越えていくためには、楽天的であることが、とても大事だと思うのです。

第4章

トシヨリは、わがままがいい

外出して立ち寄ったお店で、とてもすてきな花柄の洋服を見つけました。色が鮮やかで、身につけると元気が出そうです。

しかし、周りの人から「年甲斐もなく」と言われるのではと思い、踏みとどまってしまった。そんな経験はありませんか。

せっかくお気に入りの洋服に元気をもらって、外へ出かけようと思っていたのに、マイナスな言葉に引きずられて着る機会を失ったとしたら、とてももったいないことです。

「年甲斐もなく」は人を老化させる

おトシヨリが周囲の目を気にしてしまう理由のひとつに、長い間、会社のため、家族のために働き続けてきたこともあると思います。

学校を卒業して就職すると、まずは仕事の段取りや組織での立ち振る舞いなど、社会にどう順応していくかを学ぶことから始まります。

そして、年を重ねるにしたがい、社会人としての〝常識〟が蓄積されていきます。仕事上、多くの人たちと円滑にコミュニケーションを図っていくためには、場の空気を読み、周りに合わせていくことが必要不可欠だったと思います。

「こんなことを言ったら、変な人だと思われるかもしれない」と思うと、行動にはなかなか移せません。協調性を重んじる日本の社会では、大きなリスクを伴うからです。

世のなかの流れに逆らわずに生きてきた何十年もの生活が、安定をもたらしたのは事実です。

しかし、今ではおトシヨリになり、組織のしがらみから解放され自由の身になったのですから、現役で働いていたころのように、周囲の目を気にする必要はありません。「いい年して、派手な服を着るなんて」などと、とやかく言われる筋合いはないのです。

「年甲斐もなく」という言葉は、「こんなことがしたい」という人間の欲求を封じ込め、可能性をも奪ってしまう「呪いの言葉」ではないでしょうか。

超高齢社会の今こそ、おトシヨリは「年甲斐もなく」など無視して、好きな服を着て、好きなことをどんどんやりましょう。

誰になんと言われようと、新しいことに挑戦するのはかっこいいし、おトシヨリの特権です。

おトシヨリの生き方は「テキトー」がいい

理想的なおトシヨリだと私が思って注目しているのは、自由奔放な芸風で親しまれているタレントの高田純次さん(76歳)です。「テキトー男」が代名詞になっている人ですが、とてもいい。メンタルヘルスの面でも、あの明るさと大らかさには、目を見張るものがあります。

以前、高田さんがテレビで「年をとってやっちゃいけないことは、『説教』と『昔話』と『自慢話』」と言っていましたが、核心を突いた言葉です。

嫌われるおトシヨリの代表例は、説教する老人です。若者が老人の説教を煙たがるのは、自分の経験を「かくあるべし」と押しつけようとするからです。

今は、価値観の変化するスピードが、昔と比べて圧倒的に速くなっています。おトシヨリの価値観を、今の若者にはめ込もうとしても、無理なのです。

逆に考えると、おトシヨリは、**激変する社会環境のなかで、自由を手に入れたのです。**若者に説教するより、話を聞いて、自分にない考え方や価値観を若者から学んでみてはどうでしょう。今後のおトシヨリ生活を豊かにしてくれるヒントが、あるかもしれません。

なかには60年も70年も生きてきて、今さらものの見方を変えるのは難しいと思う人もいるでしょう。しかし、今の時代、「自分の考えが正しい」と固執している限り、生きづらくなるのは確かです。

そこで提案したいのは、「選択肢はひとつだけではなく、いくつもある」と考えることです。

そのほうが、考え方に余裕が生まれて、人生が楽しくなると思います。

おトシヨリは、人生経験が豊富です。多くの〝引き出し〟が頭のなかにあります。にもかかわらず、ひとつの考え方に執着してしまうのは、もったいないことです。今まで言ってきたことを180度ひっくり返したって、いいではないですか。恥ずかしいことではありません。

おトシヨリになって、自分の意見を押し通すのではなく、時には意見を変えることができたら、とてもかっこいいことだと私は思います。**意見だけでなく、生き方も変えていい**のです。

高田純次さんのように、周囲の人から「テキトー」と思われることは、今の価値観では、柔軟性のあるかっこいいおトシヨリだということなのです。人間が100歳まで生きるのが当たり前の時代は、これまで経験したことがないのです。これからのおトシヨリの生き方に、正解などあるはずがないのですから。

嫌いな人とは付き合わない

人の悩みの7割は、人間関係だといいます。

働いていたとき、気の合わない上司や、苦手な取引先の相手とも付き合わなければいけないことが、多々あったと思います。

子どものために、無理してママ友の集まりに参加し、学校のＰＴＡ活動ではつくり笑顔で話を合わせて、なんとかしのいできた人も多いと思います。

しかし、もうおトシヨリになったのです。大方の人は定年退職したか、責任ある役職から解かれているでしょう。子どもも成人し、独立して家庭を築いていると思います。

ですから、もう苦手な相手に気兼ねしながら、無理して付き合う必要はありません。それが、おトシヨリになった特権というものです。

「断ったら、次から誘われなくなるかもしれない。ひとりぼっちになってしまひとりぼっちになってしまうのが怖い」という人もいるかもしれません。

誘われたときに、楽しい、うれしいといった気持ちがわくならいいのですが、気持ちが重くなるのに、嫌々ながら応じる誘いなら、ストレスの原因になります。なにより、人と会うことそのものがめんどくさくなってしまったら、健康にも悪影響が及びますので、元も子もありません。

はっきり言いますが、**嫌いな人間と付き合うのは、時間の浪費**です。もし誘いを断って相手が不機嫌になったり、無視されたりするなら、それだけの相手だったということです。

おトシヨリになっても、新しい人間関係をつくることはできます。初めから友だちである必要はありません。

朝のラジオ体操の集まりや、趣味のサークルに参加して、「おはようございます。今日はいい天気ですね」と、自分から声をかければ、相手も応えてくれるでしょう。このように顔見知りを増やしていけば、時間が経てば、きっと自分と気の合う人に巡り会うことができると思います。

おトシヨリになったら、人間関係を整理して、**一緒にいてストレスを感じない、楽しい仲間だけと付き合う**ようにしましょう。

気の合う仲間と散歩に出かけたり、スポーツをしたりすれば、運動量が増えますし、笑いの絶えない会話は、前頭葉を大いに活性化してくれます。それになにより、老後の暮らしが楽しいものに変わっていきます。

身だしなみを整えると生活にメリハリがつく

おトシヨリになるほど、見た目が大事になってくると、私は考えています。

外見が老けていくにつれて、感情の老化が進み、全身の機能も低下していくケースを、たくさん見てきたからです。

つややかな髪や肌、姿勢の良さ、清潔感のある服装など、身だしなみに気を配っていると、気持ちに張りが生まれ、やる気が出てきます。

日本の老人ホームには、一日中パジャマ姿ですごしている高齢の人たちがたくさんいます。しかし、容姿の衰えていく高齢期こそ、**普段の身だしなみに気を配ることで、生きる意欲が得られる**のです。

介護つき有料老人ホームのなかには、訪問理美容サービスを提供しているところが増えています。理容師や美容師が施設に来て、利用者のカットやパーマ、カラーリングなどをしてくれるのですが、施設の職員に聞くと、**理美容師の施術を受ける人ほど、おおむね認知症のレベルは低く、進行も遅い**とのことでした。

私自身、認知症の進んだおトシヨリが、お化粧をしてもらうことで、表情が明るくなって笑顔になり、元気を取り戻していく姿を何度も目にしてきました。

ご自分の変化に心が躍るのを実感されるのでしょう。そうすると、日常生活にメリハリも出てきます。いい気分転換にもなります。

心理療法のひとつに、「行動療法」というものがあります。「行動を変えれば心も変わる」という方法なのですが、「見た目を若返らせる」と心が若返ることにも通じるのではないかと、私は考えています。

男性ホルモンで元気になる

見た目を若返らせるいい例として、プロスキーヤーの三浦雄一郎さんのお話をしましょう。

２００３年、70歳のときに世界最高峰のエベレスト登頂に成功した三浦さんは、76歳のときにスキーのジャンプで失敗し、大腿骨頸部《だいたいこつけいぶ》や骨盤などを骨折する大けがをしました。

医師からは、「治っても車いす生活でしょう」と伝えられたそうですが、「なんとしても治して、80歳でエベレストに登りたい」とリハビリに励み、2カ月ほどで退院したそうです。

筋力の低下を実感し、初めのうちはトレーニングをする気が起きなかったそうです。

「復帰はあり得ない」といわれる状態から、再びエベレストに登頂するまでに回復できたのは、男性ホルモンの一種であるテストステロンを体に直接注入したことが大きかった、と語っておられました。

80歳で再びエベレストに登頂することができたのは、三浦さんの地道なトレーニングと不屈の精神力があったことは間違いありませんが、**男性ホルモンの注射が筋肉の増強に効果があった**のも事実です。

なかには、「ホルモン補充療法」を採り入れることに、後ろめたさや抵抗感を抱く方もいらっしゃるかもしれません。ですが、筋肉を取り戻したい、やる気を取り戻したい、元気になりたいと思う人は、どうどうと使えばいいと思います。

同じことは、女性の美容にも言えます。

女性ホルモンを補充すれば、肌ツヤはよくなりますし、乳房にもハリが戻ってきます。「骨粗鬆症」は、女性ホルモン「エストロゲン」の減少で骨密度が低下し、骨がスカスカになるのが原因のひとつですから、この症状も改善することができます。

欧米では、閉経後4割ほどの女性がホルモン補充療法を受けていて、すでに更年期症状で悩む人たちにはポピュラーな方法です。

美貌を維持するために、ヒアルロン酸やボトックスを顔に注入すれば、シワが目立たなくなり、**30代のころのような若々しさを取り戻す**こともできます。

私が知っている俳優や有名脚本家のなかでも、やっていない人はほとんどいないのではないかと思います。

おトシヨリになったのですから、固定観念に縛られず、このような若返りの方法を試してみることも、ひとつの選択肢だと思います。

「更年期障害」と診断されれば、保険診療が適用になります。

ですが、健康増進や予防医療には、残念ながら日本では保険診療が適用されません。

その理由は、病気で悪くなったところを見つけて「元に戻す」ことを、医療の基本的な考え方としているためです。

心と体を今よりさらに「上向きにする」という発想がないので、今より元気にする治療は、保険外診療になるのです。

寝たきりになれば保険が適用されるのに、寝たきりになるのを予防する治療には適用されないというのは、なんとも矛盾していると思いますが、これが日本の医療制度の現実なのです。

心と体を「上向きにする」治療は、自由診療にはなりますが、昔と比べてだいぶ安くはなってきています。保険外の男性ホルモンやヒアルロン酸の注入は、おおよそ3万～10万円で、その施術を3カ月に1回のペースで行います。

この料金を高いと見るかどうかは、それぞれの考え方によると思います。のちほど詳しくお話ししますが、私は、自分で稼いだお金は、自身の健康に投資するのがいいと思っています。

年をとったら食べなさい

若返りを図ることはいいことだ、とお話ししました。

しかし、若いころのようにスリムな服をおしゃれに着こなそうと、過度なダイエットに励むことは、決してしないでください。

60代以降のダイエットは、筋肉量が減少して転びやすくなったり、基礎代謝が落ちて余計に太りやすくなったりして、健康には直結しないからです。

かつて宮城県で、体型と寿命の関係について、4万4000人を対象に大規模な調査が行われました。その結果、痩せ型の人のほうが、太りすぎの人より

6年ほど早く死ぬことが明らかになったのです。

同様の調査がアメリカでも行われていて、29年にわたる国民栄養調査の結果、やはり長生きするのは「太り気味」とされる人たちでした。

太り気味な人（BMI25〜29・9）に比べて、痩せ型の人（BMI18・5未満）は、死亡率が2・5倍も高かったのです。BMI（ボディ・マス・インデックス）は、現在の体重（キロ）を身長（メートル）の2乗で割ったものです。

つまり、日本もアメリカも、**痩せている人より、太めの人が長生きできる、**という結果が出ているのです。

ですから、病気の進行を防ぐための食事制限は別として、おトシヨリになってからのダイエットは、わざわざ自分で体を弱らせるマイナス行動なのです。

多くの人をダイエットに駆り立てているのが、健康診断で義務づけられたメタボ健診です。

への高さの腹囲が男性は85センチ、女性は90センチ以上だと「メタボリックシンドローム（メタボ）」と診断され、医師から減量するように促されます。こう診断されると、「痩せなきゃ」と思ってしまうのは、無理もないことです。

ではなぜ、太め体型が長生きするとわかっているのに、わざわざメタボ健診をするのでしょうか？

第5章で詳しくお話ししますが、心疾患が死因のトップであるアメリカの医学常識を、そのまま日本でも取り入れてしまったからです。

アメリカでは、お腹の周りに巨大な脂肪がつく「ビア樽型」肥満の人が40％を占めます。肥満は高血圧の原因にもなりますから、心筋梗塞の予防のために医師が減量をすすめるのは、よくわかります。しかし、日本では４％しかいないのです。

しかも、日本の死因のトップはがんで、心筋梗塞による死亡はがんの12分の1しかいません。日本のメタボ対策は、医療の現場をまったく知らない学者や官僚たちが主導したもので、おトシヨリの命を縮めて活力を奪う、誤った施策なのです。

私は長年、おトシヨリを診てきましたが、やはり高齢になっても元気な人の多くは、ふっくらしているのです。しかも、実年齢より10～20歳くらい若く見えます。みなさんの周りにいるおトシヨリを見ても、納得がいくのではないでしょうか。

逆に、実年齢より老けて見える人は、痩せ型の人が多いのも事実です。痩せると、肌の張りやツヤも悪くなり、シワが目立ってくるからです。

ダイエットのために食事制限をすれば、食べる量を減らしますから、当然、必要な栄養素の摂取も減ります。とくに、たんぱく質不足は老化を早めます。高齢の人が痩せてしまうとフレイル（虚弱）になり、運動機能や認知機能が低下し、骨折や肺炎を起こしやすくなり、衰弱するリスクを高めてしまうのです。

ですから、おトシヨリは**標準体型を少し上回るぽっちゃり体型を目標**に、しっかり食べて体重を増やすのがいいと思います。

車の運転免許を返納してはいけない

私は今、高齢ドライバーに対して、偏見と差別が起きているとみています。

２０２２年５月13日に改正道路交通法が施行され、**75歳以上のすべての人を対象に、「認知機能検査」が義務づけられました。**高齢ドライバー対策の充実・強化を図るためだとされています。

私は、この制度は差別だと思っています。

「高齢の人は、認知機能が衰えているから車の運転は危ない」という決めつけで、これは**年齢差別**です。

アメリカをはじめ多くの先進国には、「雇用における年齢差別禁止法」があります。日本でも、雇用対策法が改正され、２００７年10月から年齢制限の禁止が義務化されました。

私は、雇用に限らず、年齢で差別するものすべてに適用されるべきだと考えます。75歳以上の高齢ドライバーの運転免許更新時に義務づけられている認知機能検査も、そのひとつだと言えます。

２０１９年４月、東京・池袋で、暴走した車によって31歳の母親と３歳の娘さんがはねられ、死亡するという痛ましい事故が起きました。車を運転していた男性が87歳だったことから、メディアでは高齢者の免許返納を促す報道が増えました。

事故を起こしたドライバーが高齢者だとわかると、メディアはさも年齢が関係しているような取り上げ方をします。しかし、18歳のドライバーが人身事故を起こしても、若者の免許を取り上げろと言う人は、誰もいません。

メディアの報道を素直に受け取り、「このまま運転を続けていたら、いつか私も交通事故を起こしてしまうかもしれない」と、おトシヨリが危惧してしまうのは当然です。

この風潮のなかで、運転免許の自主返納を考えている人も少なくないでしょう。しかし、私は免許を返納せず、車の運転はできる限り続けたほうがいいと考えています。運転する自信がなくなったときは、車の運転をやめればいいだけの話です。

車の運転の不安を払拭《ふっしょく》するためには、事実を知ることです。

警察庁交通局の「令和３（２０２１）年中の交通事故の発生状況」を見ると、免許を持つ10万人当たりの事故件数は、16～19歳が１０４３件と圧倒的に多いのです。70～74歳を見ると３３６人で、30～60代とそれほど大きく変わりません。75歳以上から少し増えますが、それでも85歳以上で５２４件と、突出して多いということはないのです。

もうひとつは、高齢者の事故で、「ブレーキとアクセルを踏み間違えた」という発言がよく報道されることです。これも、ボケが進んだ高齢者ならやりかねないという誤解を生んでいます。

高齢者専門の精神科医の立場から言えば、**認知症が原因で、ブレーキとアクセルを踏み間違えるということは、ほぼありません。**

中等度の認知症患者でも、スプーンと箸の区別がつかなくなる人はいないのです。もし、区別がつかなくなっていたら、そもそも車の運転はできないでしょう。ブレーキとアクセルの踏み間違いは、うっかりしたり、慌てたりしたからだと思います。これは若い人も起こす事故ですから、年齢には関係ありません。それ以上に普段、暴走しない人が暴走するとすれば、意識がもうろうとしていたのではないかというのが医師としての推測です。それにも増して、減塩や低血糖の影響も大きいでしょう。

ただ、おトシヨリになれば反射神経が衰えてくるので、判断のタイミングが遅れることはあるかもしれません。しかし、ほとんどのおトシヨリは、そのことがわかっているので、車をゆっくり走らせているのです。

車の運転免許を返納して、電動アシスト自転車に乗り換えればいいという意見もあります。

しかし、私はこれにも強く反対しています。

スピードが出る自転車に乗って転倒事故を起こすと、骨折のリスクが高まるからです。骨折がきっかけで、そのまま寝たきりになる可能性もあります。

高齢者による運転事故を予防するため、今、免許を自主返納させる機運が高まっています。しかし、**行動範囲を広げてくれる車は、おトシヨリにとって、とても大切なもの**なのです。

もし、車の運転をやめてしまうと、今まで元気にすごしてきた生活パターンが激変します。

都会では、電車やバスは数分おきに来ますが、地方ではそうはいきません。最寄りの駅が遠い、電車やバスは1〜2時間に1本、という地域もあります。

車で出かけていたショッピングモールでは、買い物をしながら散策し、家とは違う食事を楽しむことができたでしょう。

遠くに住んでいる友人と、ショッピングモールで落ち合って、映画を観たり、食事をしたり、おしゃべりしたりすることもできたと思います。

車を手放してしまうと、だんだん外出しなくなり、家に閉じこもりがちになってしまいます。

実際、筑波大学の市川政雄教授（社会医学）らの研究チームが、運転を継続している人と、運転をやめてしまった人を比較し、要介護状態のリスクを調べたデータがあります。

その調査結果によると、**運転を継続している人に比べて、運転をやめてしまった人は、要介護状態になるリスクが2・2倍**になるのです。

海外の研究でも、高齢者が車の運転をやめると、**うつ状態になるリスクが約2倍**になり、社会参加も減るといった悪影響があることがわかっています。

車の運転をやめてしまうと、運動機能も脳の機能も簡単に衰えてしまうのです。

今は、衝突防止機能がある安全性の高い車もあります。運転できるうちは、車に乗り続けましょう。行動範囲を広げてくれる車は、老化にブレーキをかける大切な〝足〟なのですから。

相続トラブルが起きないよう財産は残さず使う

私は、日本が超長寿社会を迎えたことで、子どもに財産を残すことは、ほぼ無意味になったと思っています。

マンガ『サザエさん』のお父さん、波平さんが現役だった75年前の男性の平均寿命は約50歳でした。

当時のお父さんが亡くなったとき、子どもは概ね10〜20代の半ばですから、親の財産は、残された家族の生活を支える大きな助けになったと思います。

しかし、現在の男性の平均寿命は、81・47歳です。**親のあなたが亡くなったとき、**

子どもたちはすでに熟年です。もう少し経てば退職金も入り、年金も出るのです。孫も大きくなり、親元を離れて独り立ちしていることでしょう。

すでに生活の基盤のある成人した息子や娘に、財産を残す意味はあるのでしょうか。なんの苦労もせずにお金を手に入れたら、人間はダメになる。気が大きくなって浪費してしまい、手元には残らないのがオチです。人生経験豊富なおトシヨリは、よくわかっているはずです。

実際、遺産「争族」と言われるぐらい、遺産を巡って親族間で争うことが非常に多いのです。遺産の多少にはあまり関係がなく、遺産額が少なくても、仲の良かったきょうだいが絶縁するほどもめてしまうケースも、珍しくありません。相続人同士の争いが起きないよう、お金はご自身で使ってしまいましょう。

視野を広げて、今の日本の現状も考えてみましょう。

個人金融資産は２０００５兆円あり、そのうち１２００兆円はおトシヨリが所有しているといわれています。多くのおトシヨリたちは、「子どもに残したい」と考えて、自分のためにお金を使おうとしない。

日本経済が低迷している理由は、お金がうまく回っていないためです。

私は、暴論と言われますが「相続税１００％」を主張し続けています。実現すれば、「どうせ、税金で取られてしまうなら、使ってしまおう」となるでしょう。そうなれば、おトシヨリが所有する１２００兆円が市場に流通します。内需を中心に拡大し、国も人々も豊かになっていきます。

今、いちばんお金がなくて苦しんでいるのは、若い世代の人たちです。景気がよくなれば、彼らの給料が上がります。

ビジネスチャンスとして捉えられる「高齢者市場」も拡大し、新たなサービスが次々と生まれ、おトシヨリの健康と生活の質はさらに向上するはずです。

高齢者がお金を使うと、若者からおトシヨリまで幅広い世代の人たちが恩恵を受けて、身体的・精神的・社会的に良好な状態（ウェルビーイング）になるのです。

話が少し大きくなりましたが、残された人生を楽しむために、まずはお金を使うことです。

プロローグで紹介した映画『最高の人生の見つけ方』の「棺おけ（バケット）リスト」にある「荘厳な景色を見に行く」のも、いいかもしれません。

老後資金の調達法
リバースモーゲージとリースバック

戸建ての家をもっている人に限られる場合が多いのですが、持ち家に住み続けながら生活資金や旅行などのレジャー費用を調達する方法があります。

「リバースモーゲージ」と言います。

これは、持ち家（自宅）を担保にして、金融機関から融資を受けるシニア層向けの制度です。

住宅ローンとリバースモーゲージを比較すると、自宅を抵当に入れて融資を受ける点までは同じです。

住宅ローンは、住宅購入に必要なお金を一括で借りた後、毎月元本と利息を返済していくものです。

リバースモーゲージは、融資枠内で毎月、あるいは一括で借り入れた分の残高を、最後にまとめて返済するものです。元本の返済は死亡後（または契約終了時）に自宅の売却代金で返済、または相続人の手許資金で一括返済します。存命中（または契約期間中）は毎月、利息だけを払っていくというものです。

元本の返済が最後になるので、リバース（＝逆）モーゲージ（＝担保・抵当権）というわけです。

おもに、自宅をもっているものの、年金生活で収入が少ないおトシヨリに支持されています。

この制度を利用すれば、**住み慣れた家を手放すことなく、ある程度の資金を手に入れることができる**わけです。不動産を資産として残さなくてもいいなら、生活資金を調達するひとつの方法ではあります。

ただ、条件をよく吟味する必要があります。

まず、推定相続人（子どもなど）全員の同意が必要です。そして、自宅を売却することが前提のため、一般的には配偶者以外の同居人がいると契約できません。

借りられる金額は、不動産評価額の50％程度が一般的です。金利はだいたい3～4％と、通常の住宅ローンに比べると割高ですが、存命中は元本分を払わないので、毎月支払う金額は抑えられます。

ただし、リバースモーゲージは変動金利のため、金利が上昇する可能性があります。今の日本では低金利が続いていますが、将来、金利が上昇すると利息の支払いが増えるリスクがあります。

老後資金が不安な方は、銀行などで開かれているセミナーに参加し、リバースモーゲージのメリットとデメリットについて、詳しく聞いてみるのもいいでしょう。

このほか、自宅に住み続けて資金調達する方法として、「リースバック」というものもあります。これは、**家を売却して現金化したお金で家賃を払っていく**というものです。家の所有権はなくなりますが、一戸建てだけでなくマンションも売却可能です。シニア向けのリバースモーゲージと違い、年齢制限がない点もメリットと言えるでしょう。

人生１００年時代における老後の資金調達法の選択肢のひとつとして、考えてもいいのではないでしょうか。

納めた税金は老後に取り戻す

毎月、私が参加している認知症患者の家族会に出席して聞いた話をします。

ある女性から、生活相談を受けました。「何年も夫の介護をしているうちに、貯金が底をついてしまった。生活保護を受けたいが、国のお世話になるのは世間様に申し訳なくて、申請する決心がつかない」と言うのです。

私はその女性に、「あなたはこれまで真面目に税金を納めてきたのですから、遠慮なく生活保護を受けてください」とアドバイスしました。この女性のように、国や地方自治体に相談することを「迷惑をかけること」だと思っている人が、少なからずいると感じます。

私は、**税金とは「納めた分だけ市民に還元されるもの」**という意識が、日本人には希薄な気がします。かつて消費税の導入時に大騒ぎしたように、「税金の納め方」には関心をもつのですが、納めた後の税金の使い道については、かなり淡泊なところがあると思います。

まるで、江戸時代さながらに、お上に献上してしまったら、あとは下々の者たちは口の出しようがないと思い込んでいる雰囲気すら感じます。税金の使い方に無頓着であれば、納めているのは税金ではなく、まさに年貢です。

私たちは21世紀の時代を生きているのですから、日本人も欧米などの先進国の人たちにならって、現役時代に納めた税金は老後に取り戻すという発想を、身につけたほうがいいと思います。

とくに、北欧諸国では「国が責任をもって国民のめんどうをみる」という考え方が浸透しています。そのため、国民は高い税金や社会保険料を負担し、国が提供する手厚い社会保障サービスを受けているのです。

納税者である日本の私たちも、国や地方自治体が提供する公的サービスを受ける権利があるのですから、**どうどうと利用**すればいいのです。

元気なうちに知っておきたい介護保険制度

おトシヨリにしっかり権利行使してもらいたいのが、介護保険制度です。介護を必要とする高齢者を支えてくれる制度ですが、施行から23年経つのに、仕組みやサービス内容を理解していない人が未だに多いのです。

そこで、介護保険制度が始まる前のことからお話ししましょう。

当時、高齢者が増え続けていくなかで、核家族化も同時に進み、家族による自宅介護だけに頼るのは限界に達したという現実がありました。自宅介護を受けられなくなった高齢者は、役所の指示（措置といいます）で特養ホームに入るのですが、措置がないために特養ホームに入れない人は、老人病院に入所するしかありませんでした。その老人病院は運営管理が不十分なうえに介護スタッフも不足していて、ひどいものでした。

20畳ほどの病室に20人もの高齢者を収容し、一日中ベッドから降りることができません。食事も排泄もベッドの上です。食事は、2〜3人いる賄い人が2時間くらいかけて個々のベッドを回るので、料理はすっかり冷めている。いわば、ただ死を待つだけの場所になっていたのです。

いっぽう特養ホームに入れる人は、有料老人ホームより建物が立派でスタッフも多く、まさに天国と地獄でした。このような異常事態の原因のひとつに、行政の措置事業が挙げられます。

措置とは、行政が福祉サービスの提供主体となることで、利用者本人にサービスを選択する自由はまったくなかったのです。行政の決めた人しか福祉の対象になっていないと言っていい状況でした。

この状況が社会問題になり、介護福祉サービスを充実させようという機運が高まり、介護保険制度が始まることになったのです。**介護保険制度の導入**で大きく変わった点は、福祉サービスの利用が措置から権利となり、介護保険料を支払っている**おトシヨリがサービスを選べる**ようになったことです。

このような経緯をたどって生まれた、社会全体でおトシヨリとご家族を支える制度です。仕組みと内容を理解して、自分に合った介護サービスを受けましょう。

介護認定で得られるメリット

ここからは介護保険制度の基本的なことをお話しします。

実際に介護が必要になったときは、まずは地域包括支援センターに相談しましょう。専門知識をもったスタッフが、個別に詳しく相談に乗ってくれます。希望や状況によっては、相談員が自宅を訪問してくれます。

介護を受ける人の症状や居住地域の特性はさまざまですから、気になることをなんでも質問して、納得いくまで話をすることです。

65歳になると、市区町村から介護保険被保険者証（介護保険証）が届きます。**介護保険証とは、介護保険料を25年間払い続けたという証明書です。国と市区町村から支援を受ける権利を獲得した、**ということです。

受けられるサービスは、介護が必要な度合いに応じて、もっとも軽い「要支援1〜2」から「要介護1〜5」まで7つの等級に分かれています。

介護申請の際には、この介護保険証をもって市区町村の窓口へ行き「要介護認定の申請」を行います。後日、市区町村の調査員らが自宅を訪問し、現在の心身状態を確認し、日常生活や家族のことなどについて聞き取り調査をします。

かかりつけ医の意見書も合わせて審査し、等級が決まるというステップです。もちろん、本人が入院しているなどで申請できない場合は、家族などの代理人が申請することもできます。

介護認定を受けると、デイサービスやショートステイの利用、車いすや介護用ベッドのレンタルはもちろんのこと、転倒防止のため自宅内に手すりをつけたり段差をなくしたりといったバリアフリー化のリフォームなども、できるようになります。

もっとも軽い「要支援1」でも、週1回はヘルパーさんが自宅に来てくれますので、洗濯や掃除を頼むことができます。

いちばん軽い「要支援1」の支給限度基準額は、**月に約5万320円**、最も重い「要介護5」で、**月に約36万2000円**です。自己負担額は1割の人の場合は、「要介護5」だと約3万6000円です（若年世代と同程度の収入がある人は、3割になる場合もあります）。

もし、足腰が弱り、自力で立ち上がったりスムーズに歩行したりするのが難しくなったら、「要介護3」以上の認定を受ければ、**金銭的な負担をあまり感じることなく、特別養護老人ホームに入居**することができます。

介護保険制度ができてから23年が経ち、介護施設の設備も、そこで働く介護職員の質も向上していますから、今は十分なケアを受けられるようになっています。

ただ、介護保険制度にはさまざまな課題があることも承知しています。介護保険法は、高齢者介護の現状をふまえて3年ごとに改正されますから、社会のニーズに合う仕組みに改善されることに、期待するしかありません。

第5章

「いい医師」「いい病院」を見分ける手引き

医師と本音で話せていますか？

多くのおトシヨリはもう、なにかしらの薬を定期的に飲んでいるでしょう。特別な持病がない人は、血圧の薬やコレステロール値を抑える薬などだと思います。処方されるままに1カ月飲んで、なくなればまた病院へ行きます。看護師さんに呼ばれて診察室に入り、丸いすに座り血圧を測られます。

「調子はどうですか」

「いえ、べつに変わりはないです」

「そうですか。薬が効いていますね」

「それでは、いつものように1カ月出しておきます」

医師はパソコンの画面を見たままで、「お大事に」と言われて診察が終了。

こういった医師ばかりではないと思いますが、日本では多くの患者を診なくてはいけません。医師に話しかけようと思っても遠慮してしまった、という人もいるのではないでしょうか。

同じ医師に「ちょっとお腹が重くて……」と言えば、「それでは胃薬も出しましょう」となります。薬の追加です。詳しく検査してほしいと言えば、「大きな病院の消化器内科で診てもらってください」と、別の病院を紹介されてしまいます。

そういうものだと思っている人は、おおぜいいらっしゃると思います。しかし、これは大きな医療界の問題なのです。

それは**日本の医師のほとんどは、自分が学んだことがある臓器の専門家にすぎない**ということです。ほかの臓器のことになると、言葉は悪いのですが無頓着です。

医師が「体にいい薬ですから」という意味は、医師が専門にしている臓器にとっていい薬です、という意味なのです。体全体にとっていいという意味ではありません。

心不全、糖尿病、高血圧、そして高脂血症をもつ私が病院へ行くと、まず高脂血症は内分泌代謝内科に行って薬を3種類出される。高血圧も同じく循環器内科で3種類出される。糖尿病もこれまた3種類出される。

これに心不全でも薬を出されたら、あっという間に10種類を超えてしまうわけです。

薬を毎日10種類も飲むというのは、結構なストレスになります。また、複数の薬を併用し、服薬すると、効果が強く出すぎてしまったり、好ましくない症状が出やすくなったりする可能性がありますので、飲み合わせには注意が必要です。

おトシヨリに必要なのは、体全体を診て「これでは薬が多すぎるから、必要なものから5種類選んであげるね」と言ってくれる診療です。これを**「総合診療」**といいます。

残念ながら、総合診療をするドクターが未だに日本に根づいていません。増えていってほしいのですが、今の大学病院の体質では恐ろしいくらい時間がかかりそうです。

ですから、**もらった薬を言われるままに飲んでいたら、寿命を延ばすどころか、縮めてしまう**かもしれません。

自分の体の調子をいちばんわかっているのは、あなたです。薬を飲んでおかしいと思ったら、しっかりと話を聞いてくれる医師を見つける必要があります。

死ぬまで付き合えるかかりつけ医を見つける方法

それでは、患者の話を聞いてくれる「良い医師」を見つけるには、どうすればいいのでしょうか。

まずは、**薬について医師と話をしてみる**ことです。

高齢者診療の基本は、個人に見合った診療をすることです。70歳を超えたおトシヨリには、とくに必要です。

年をとるほど、体の状態や機能は、個人差がとても大きくなります。たとえば同じ薬を飲んでも、効く人がいるいっぽうで、だるさやふらつき、眠気などの症状が出る人もいます。

おトシヨリの個人差が大きいことを知らない医師や、患者を観察していない医師にとっては、「正常値」に戻すことが正解だと考えるわけです。

こういう医師から処方された薬を飲み続ければ、明らかに体がダメージを受けてしまいます。

そもそも**薬とは、「体調を良くするためのもの」**です。飲んで具合が悪くなるのであれば、薬ではなく、それは毒です。

薬をもらって、だるさやめまいなどの症状があったら、遠慮などせず医師に伝えましょう。

「変えてもらった薬ですが、飲むと頭がぼんやりして、だるくなるんです」と言ってみる。

「薬が合わなかったようですね」「量を減らしてみましょうか」「違った薬に変えてみましょう」と対応してくれるのであれば、良い医師です。「かかりつけ医」として長く付き合っていけます。

反対に、「この薬はよく効くはずだから、がまんして飲み続けてください」と患者の訴えに取り合わない医師だったら？

さっさと医師を代えましょう。おトシヨリを診察する基本をわかってないヤブ医者です。付き合えば付き合うほど、あなたの健康が蝕《むしば》まれていくことになります。

病院との相性は、待合室でわかる

医師の技量も大事ですが、相性も大事です。

おトシヨリになれば、病院や医師はとても身近な存在です。月に1回は通院し、医師と顔を合わせると思います。診察のたびに暗い気持ちにさせられ、気疲れするような医師なら付き合わないほうがいいでしょう。

患者に嫌な思いをさせて気がつかないというのは、観察力がないとも言えます。患者は顧客でもありますから、お金を払ってまで嫌な思いをする必要はありません。

病院は、具合が悪いから行く場所です。真剣に病状を聞いてくれて、気持ちよく話せる医師のほうがいいに決まっています。

病院との相性は、待合室に入った瞬間にもわかるものです。**待っている患者さんが明るかったら**、医師が患者さんとちゃんと向き合っているということです。心理的なケアもしっかりできているから、患者さんが明るいのでしょう。

反対に、**患者さんがどんよりと暗かったら**、医師が血圧や血糖値を下げる薬を「正常値信仰」で出しているということです。だから、患者さんがヘロヘロになっている。

こういう病院は避けたほうがいい。**病院の待合室に入ったときに感じる、あ**

なたの直感を信じていいのではないでしょうか。

長生きを邪魔している健康診断

毎年1回、会社の健康診断を受けていた人が多いと思います。受けないとやいのやいのと催促される。退職しても、その慣習が体に残っていますから、年中行事のように、年に1回は健康診断を受けている人もいるでしょう。

ここに、不可解な数字があります。

日本人の平均寿命が統計上初めて50歳を超えたのは、1947（昭和22）年でした。そのころの男女の平均寿命の差は4歳ほどでしたが、今は6歳に広がっています。

なぜ女性の平均寿命が大きく延びたのと同じだけ、男性はそれほど延びなかったのでしょうか。変だと思いませんか？

原因のひとつに「健康診断」があると私は思っています。法律で事業者に義務化されましたから、会社に勤務する人は、強制的に健康診断を受けていました。一昔前まで健康診断を受けていたのは、圧倒的に男性が多かった。その当時、女性は専業主婦になるのが一般的でした。働くとしてもパートタイマーなので健康診断は受けません。

もし**健康診断が長生きに役立つなら、男女の寿命は逆転していたはずです。ところが、寿命の年齢差が広がってしまった。**健康診断がその要因になっているのではないかと思います。

健康診断の結果は、すべて基準値をもとにしています。健康診断の基準値の決め方は1000人、1万人という健康な人を集めて検査します。そして検査数値の平均値を挟んで95％の人を「正常」とし、そこから高すぎたり、低すぎたりして外れた5％を「異常」とした統計値です。

つまり最大で、健康な100人のうち5人が「異常」となるわけです。しかし、もともと健康な人を集めた検査です。「異常」でも病気ではありません。

しかも、基準値のつくり方を見てわかるとおり、年齢を無視してつくられています。健康診断の数値に一喜一憂するのは、バカらしいと思いませんか。

ただ、数ある検査の数値のなかでも、血圧や血糖値、コレステロール値、赤血球数などは、病気との因果関係が認められます。「血圧を下げましょう」という指導が行われるのは、このためです。

しかし、どのくらい下げるかは曖昧です。

かつては血圧150くらいでも血管が破れることがありましたが、それは日本人の栄養状態がとても悪かったころの話です。

現代では、動脈瘤がない限り血圧が200でも破れることはありません。今のおトシヨリは、脱脂粉乳を飲んで育ってきましたし、その後も十分なたんぱく質をとっているので、血管は丈夫です。

ただ、仮に血圧が180で、頭痛や吐き気、めまいなどがあるなら、その人にとっては高いということです。そのときは、血圧を下げる薬を出してもらいましょう。

異変がなく**体調になんの問題もないのに、数値だけで「異常」と判断され、薬を飲み続けるというのはおかしい**のです。自分の体の状態に耳を傾けて、変だと思ったら薬を飲む。それが基本なのです。

血圧、コレステロール値、血糖値は、ちょっと高めがいい

健康診断で「異常」「再検査」と指摘される数値は、コレステロール、血圧、血糖値が多いと思います。そのためこれらの薬を飲んでいるおトシヨリも多いことでしょう。

薬を服用して血圧や血糖値を下げたりするのは、心筋梗塞や脳梗塞、脳卒中のリスクを減らすためです。

実際に、健康診断の基準値どおりに血圧や血糖値を下げてしまうと、頭が

ボーッとしてしまうことがよくあります。やる気も出ません。考えるのもめんどうになってきます。このように、**薬には副作用があること**を忘れてはいけません。

こんな話を聞いたことがあります。

80歳の男性は、毎月病院に行き、血圧やコレステロールの薬を処方されていました。

あるとき、娘さんが男性の家を片づけていると、押し入れに手をつけていない大量の薬を見つけたそうです。

その男性は、薬を飲んでいませんでした。でも、娘に注意されるので、病院には律儀に通っていたのです。

娘さんが理由を聞くと、「薬を飲むと体がだるくなって、畑仕事ができなくなるから飲まなかった」と答えました。薬を飲まなくても、血圧も血糖値もちょっと高めでも、元気に生活しているのですから、男性の判断は正しかったように思います。

私は、この男性のように体に違和感を覚えて自分で調整している人が、少なからずいると思っています。

処方された薬を飲み続けることで、なんらかの不調を感じるのであれば、それをはっきり医師に伝えなければいけません。「薬を飲むと調子が悪くなるので、減らしたい」「飲みたくない」と申し出ましょう。伝えない限り、医師は薬を出し続けますから、無用な薬にお金を払うことにもなり、無駄になってしまうからです。

じつは、血圧の薬を飲んだから長生きできるというデータが、日本にはないのです。

どの国でも、薬が効くかどうかを確かめるために、数万人単位の比較調査をします。血圧なら、血圧をコントロールしたグループと、放置したグループのその後を何年もかけて、違いが出るかどうかを調査します。

しかし、日本人を対象にした調査は一度も行われていません。データがありませんから、証明もできないわけです。

逆に、**血圧を下げすぎている人のほうが、死亡率が高い**というデータがあります。

血圧は、年齢を重ねるほど上がってきます。年をとると、血管のなかが動脈硬化で狭くなってきます。狭くなると血液の流れが悪くなり、血圧が高くないと脳に十分な量の血液を送ることができないからです。

昔は、最高血圧の基準値は**「年齢＋90」**と言われていました。私は、これは当たっていると思います。昔の人の知恵は侮れません。

血圧は一日のなかで大きく変動します。ですから、高かった、低かったと一喜一憂する必要はありません。ただ、ずっと２００を超えるようならば、その後ほかの病気が生じる危険がありますから、病院へ行く必要があります。

同様に、コレステロール値の基準も、世界基準より低い設定のために、日本では健康診断で「異常」とされる人が多くいます。

じつは、血圧と同じで、**コレステロール値が高めの人のほうが長生きする**というデータがあります。

なぜなら、コレステロールは、男性ホルモンをつくる大事な材料なのです。それをわざわざ薬で減らせば、元気がなくなるのは当然です。免疫細胞の材料でもありますから、免疫機能の低下も招いてしまい、がんになりやすくなる可能性もあります。

このように、**健康診断の数値は健康を守ることから大きくズレている**のです。私は、70歳をすぎたら、もう健康診断を受ける必要はないと考えています。

薬は、がまんしてまで飲まなくていい

そもそも、薬で血圧や血糖値を下げるのは、心筋梗塞や脳梗塞、脳卒中のリスクを減らすためです。心筋梗塞などの**心血管障害が発病するまでに、10～20年かかる**のがふつうです。ならば、起こるかどうかもわからない心筋梗塞のために、健康なうちから血圧の数値を下げる薬を飲み、元気が出ない生活を続け

ていくことに意味があるのでしょうか。

できる限り、快適な今の生活を優先したほうがいいと、私は思います。そろそろ、薬に対する考え方を根本的に見直したほうがいいでしょう。そのうえで、医師と相談して、やめることができる薬は、やめたほうがいい。

もうひとつの理由は、日本では、がんに比べて心筋梗塞で死ぬ人はかなり少ないことです。アメリカでは、心疾患で死ぬ人はがんより多いのです。

では、なぜ日本で血圧やコレステロールを下げる薬を出し続けるのか。それは、アメリカの医療原則をそのまま日本で運用しているからです。人種や食生活が異なれば、かかりやすい病気の種類も違ってくるのです。

薬は効く場合もあるし、効かない場合もある。副作用もあります。結局、薬を飲み続けたほうがいいのか、飲まないでいたほうが長生きできるのかは、誰にもわかりません。確実に言えることは、**日常生活に支障を感じたら、がまんする必要はない**ということです。やめるか、減らせばいいのです。

薬を見直そうとしたとき、医師は「正常値」にこだわるかもしれません。しかし、少し高めの数値でも元気に生活できているのであれば、ご自身を信じて、「飲みたくない」と申し出てください。

もし、言うことを聞いてくれない医師だったら、前述のように医師を代えましょう。将来、あなたを助けてくれる医師に出会えるいいチャンスとも言えます。

薬の本来の役目は、痛いところがあれば、痛みをとる。つまり、不調を治すものです。**飲んでも飲まなくてもいいような薬を飲み続けるというのは、おかしなこと**なのです。薬はなんのために飲むものなのか、基本にもう一度立ち返りましょう。

突然死がイヤなら、心臓ドック・脳ドックは受けておく

そうは言っても、心筋梗塞や脳卒中はやはり心配だという人もいらっしゃる

でしょう。本気で予防したいと考えるなら、心臓ドック、脳ドックはとても有効です。

心臓ドックは、造影剤を使ってＣＴで撮影します。この装置なら、体内にカテーテル（細い管）を入れなくても、心臓の周囲を囲む血管（冠動脈）が詰まりそうなところを発見できます。

それが見つかった場合、バイパス手術をしなくても、バルーン（風船）やステント（金属製の網状の筒）を入れて、狭いところを広げるなどの血管内治療ができます。

日本で行われる血管内治療は、世界のなかでもずば抜けて進んでいます。アメリカでは未だに心臓のバイパス手術が主流で、わざわざ日本に治療に来る人もいるほどです。

私なら、健康診断で「心筋梗塞になる可能性もあるので、薬を飲み続けましょう」と言われるより、「心臓の血管が狭くなっていますので、ステントを入れましょう」と言われたほうが、納得して医師の指示に従えます。

脳ドックも同様に、MRIで脳の血管を診て、動脈瘤を見つけることができます。見つかれば、血管内からカテーテルを入れて、瘤を内側から固めて破れないようにします。ただし、これは心臓の血管内治療ほどレベルは高くないとされています。

まだ60代だった俳優の大杉漣さん、歌手の西城秀樹さんのお二人とも、急性心不全で亡くなりました。

大杉さんは腹痛を訴えた約4時間後に亡くなられました。直接の死因は心筋梗塞か大動脈解離、いずれにしても心臓のどこかの血管に問題があったことが原因と考えられます。もし、心臓ドックを受けていれば未然に防ぐことができた可能性は高いと思います。

西城さんは、48歳と56歳のときに2度の脳梗塞を起こしています。2度も起こすというのは、相当に血管が詰まりやすい体質ということですから、心臓の動脈硬化が起こっている可能性も疑ってみるべきでした。**２〜３年に一度、心臓ドック・脳ドックを受けていたら、**このような突然死は避けることができたと思います。

健康診断の数値がこれまでずっと正常だった人が、突然、心筋梗塞になるということもときどきあります。このようなケースも、心臓ドックを受けていれば、事前に対策を立てられたかもしれません。

健康診断を受けて必要のない節制をするよりも、定期的に心臓ドック・脳ドックを受診することをおすすめします。

コロナ禍でも出かけよう！

薬をやめるか、飲み続けるかは個人で選択できます。

しかし、新型コロナウイルスは違っていました。今（２０２３年１月）はかなり緩和されましたが、約3年にわたって外出を制限されました。

私は、新型コロナウイルスのいちばんの〝副作用〟は、おトシヨリの外出が制限されたことだと思っています。

外に出かけなくなれば、歩く機会が減ります。楽しい仲間とおしゃべりする機会もなくなります。そのうえ食事中は会話を控え、黙って食べろと言われます。このような活動自粛が3年も続いたせいで、多くのおトシヨリが運動不足でフレイルに至ったと思います。友だちと話す楽しみを奪われ、老人性のうつになった人もいたでしょう。

自粛を「強要」されたことで、おトシヨリは、健康維持に必要な営みのすべてを奪われました。年齢とともに弱ってきた免疫力が、さらに弱ってきていると思います。

一般的には風邪が流行すれば、免疫機能を上げるために運動することをすすめます。しかし、新型コロナウイルスの場合は、不要不急の外出自粛を「強要」

されました。

極めつきは、ワクチン接種の推奨です。このワクチンは、コロナのためにつくられた人工的なものです。**長期的な副作用がどの程度あるかは、これから十数年経ってみないと、本当の検証はできない**でしょう。その意味で、未来がある子どもや若者が打つのはリスクがあると、私は思います。

一般的にワクチンの働きは、免疫細胞に、ここに新型コロナウイルスがいるよと、印をつけるようなものです。その印めがけて、免疫細胞が攻撃をする。もし新型コロナウイルスを攻撃する免疫細胞が、すでに高齢のために弱っているとすれば、ワクチン接種の意味はほとんどなくなります。

また体の異物を攻撃する免疫細胞は、人と会っておしゃべりすることや、運動することで強化されます。とくに笑うと、とても活性化されます。**コロナ自粛は免疫機能を落とすものばかり**です。こんなに免疫に無知な人間が専門家を名乗るのですから、絶望的な気分になります。

新型コロナウイルス感染症が消滅することは、ありません。ウィズコロナの時代を健康ですごすためには、いつまでも自粛していてはいけません。新型コロナウイルスを恐れずに、友だちと会って、楽しいおしゃべりをしてください。一緒に出かけて、美味しいものを食べてください。

3年間もがまんを強いられてきたのです。免疫細胞をもう一度元気にするためにも、**不要不急の外出は大いに結構。**出かけることです。

がんが見つかっても、手術してはいけない

健康診断を受ける理由のひとつは、がんの早期発見が可能だからと言われます。そのため、一般健診のほかに、胃がん検診、大腸がん検診を受ける人もいるでしょう。女性なら乳がん検診、子宮がん検診があります。

ところが、実際にがんらしきものが見つかり、再検査となったら、「本当にが

んだったらどうしよう」と、慌てふためく人が多いのではないでしょうか。

がんが見つかったらどの病院へ行き、どんな治療をしてもらいたいかを思い描ける人は、ほぼいません。多くの人は、「自分だけはがんにならない」と思っているからです。

しかし、日本人の死因のトップはがんです。がんになったとき、自分はどう対処するのか、そろそろ考えておきましょう。

私は、**70代以上のおトシヨリには、がんを治療せず放っておく選択肢もある**と考えています。

みなさん、がんを治療して残りの人生をまっとうするために手術を選択するのですが、**手術によって受ける体のダメージはかなりあります**。がんで手術した人が、急に衰弱してしまった姿をご覧になったことがあるでしょう。

70歳をすぎてがんを手術すれば、体力も気力もなくして老け込みます。免疫力も落ちますから、肺炎などほかの病気にかかるリスクも高くなります。寝たきりの期間も長いので、筋力も落ちます。

抗がん剤治療を受けると、さらに体を痛めつけます。その結果、ヨボヨボになり要介護状態で退院し、家に戻る人が多いようです。

「あなたはがんです」と言われたとき、手術や治療で体が衰弱しても長生きするほうをとるか、放置して今までどおりの暮らしを維持するほうをとるか。どちらを選択するか、その人の人生観の問題とも言えます。

どちらが正解というものではありません。**終末期をどう生きたいかを考えておくことが、70代になったら必要**だと思います。

ちなみに私は、もし70代でがんになったら手術はしないと思います。今の生活の質を優先するほうを選ぶつもりです。

おトシヨリは、誰でもがんをもっている

　私が勤めていた浴風会病院は、関東大震災で身寄りを失った高齢者の養護施設として設立されました。

　その後、老年医学の研究のため、当時の東京帝国大学医学部から医師が派遣され、入所者の診療に務めながら、亡くなった人の解剖も行い、高齢者の脳や臓器についての研究が進められました。

　今でもその伝統が残っていて、私が勤務していた当時、年間１００例ほどの解剖が行われていました。

　その結果わかったことは、**85歳をすぎて、がんのない人は一人もいない**ということです。

　つまり、がんであるとは知らずに生きているおトシヨリが、おおぜいいるということです。

　もうひとつわかったことは、**亡くなった高齢者の70％近くの死因は、がんではなかった**ということです。要するに、知らぬが仏でがんと同居していたわけです。

これは、亡くなられた近藤誠先生の説ですが、がんには転移する「本物のがん」と転移しない「がんもどき」がある。「がんもどき」は転移しないので、放っておいても死に至ることはない。だから手術する必要はない。

ただし、がんが大きくなって支障が出たら、最小限の処置をするという考え方です。

いっぽう転移する「本物のがん」は、がんが見つかった段階で、もう転移しているので、手術しても効果はない。すぐに別の臓器に転移したがんが現れる。逆に、手術することで、静かにしていたがんまで暴れだすといいます。

がんは1センチほどの大きさにならないと、見つけることができません。その大きさになるには10年くらいかかります。近藤説に従えば、**がんの「早期発見」も、ほとんど意味をなさなく**なります。

近藤先生の説は、浴風会の解剖結果を見てきた事実と一致し、私は正しいと思っています。

ただ、がんが見つかった時点では、転移するがんなのか、転移しないがんなのかが、わかりません。仮に転移するがんだったら、10年は経っていますから、すでにほかの臓器に転移している可能性が高い。手術してもしなくても、結局はがんで死ぬことになります。

ならば、転移しないがんだと望みをもって、生活の質を保つために手術をしない選択をするというのが、私の考え方です。

一般的に、高齢になってからのがんは進行が遅い。がんになっても自覚症状がない状態が何年も続き、手術せず放っておいたほうが長生きできるという場合が多いのです。

おトシヨリは、わざわざがんを見つけに検診に行く必要はありません。今の生活を維持することも大切だと、私は思います。

病気と闘わない「共病」のすすめ

前にも述べたように、がんが見つかって病院で手術や治療をすれば、おトシヨリの体に大きなダメージが及びます。つまり、**病院は「健康を取り戻す」ところではない**のです。

二つの例を挙げましょう。

一つは、新型コロナウイルス感染症です。2019年12月初旬、中国武漢市で感染者が報告されてから、わずか数カ月でパンデミックが起こり、病院へ行く人が激減しました。感染を恐れてのことです。

とくにおトシヨリは、新型コロナウイルス感染症にかかると重症化すると言われて、少しくらい体調が悪くても、病院に行くのをがまんした人が多かった。

その結果、なにが起こったか?

意外にも、日本人の総死亡数が減ったのです。これは**「病院に行かないほう**

が死なない」ということが数字で表されたということです。

もう一つは、北海道夕張市の事例です。

夕張市は住民の約半数が高齢者で、全国の市区町村のなかで「高齢化率日本一」と言われた町です。高齢者が多い町ですから、病院は最後の生命線だと思われていました。しかし、2006年に夕張市は財政破綻し、唯一の市立総合病院が閉院。171床あった総合病院は、たった19床の小さな診療所になってしまいました。

おトシヨリはどうなってしまうのか？　多くの人が心配しました。

ところが、三大死因である「がん、心臓病、肺炎」で亡くなる人は減り、高齢者1人当たりの医療費も減ったのです。わずか19床のベッドしかないのに、空きが出るほどでした。ただ、死亡率自体は以前とほぼ変わりませんでした。

死亡率は変わらないのに、病院が小さくなったら「がん、心臓病、肺炎」で亡くなった人が減ったのです。

ここにも、おトシヨリが病院へ行かないほうがいい理由をみることができます。

それでは、三大死因に代わって増えた死因とはなにか？

夕張診療所によると、「老衰」だったということです。

老衰は、病気というより、「天寿をまっとうした」「命を使い切った」という表現のほうが適切でしょう。

夕張市では病院が縮小されたため、在宅医療を選択した人が多くいたようです。在宅医療なら、過剰な診療や投薬は施されません。必要とされるケアだけを受けて、残りの人生をまっとうされたのだと思います。

そもそも、おトシヨリは老いている最中ですから、なにかしらの病気や不調を抱えているものです。ひとつの病気を治療しても、ほかの臓器が悪くなることが多く、全快することはありません。つまり、ほとんどの人たちが病気とともに生きているのです。

いっぽう、医師は病気を「治す」のが仕事です。患者を全力で「治療」しようとします。逆に言えば、「おトシヨリだから、なにもしないでおきましょう」とは、決して言わない。仕事を放棄することになってしまうからです。

医師の過剰な「介入」によって、おトシヨリが治療で苦しむことになります。ですから、おトシヨリは、**手術や治療で寿命を延ばしたいのか、放置して自宅で平穏にすごしたいのかを考えて、選択する必要**があります。

平穏な生活を続けたいなら、手術や治療をすすめる医師に申し訳ないからと気を遣う必要はないのです。**「病気の治療で苦しい思いをするのは嫌です」**と、はっきり訴えることです。

おトシヨリにとって、病気と闘うことをすすめるのが「良い医師」ではありません。**患者の希望に寄り添い、最適な治療方針を考えてくれるのが、良い医師**なのです。

テレビでよく芸能人が、がん闘病を美談として話します。40～50代の中年世代であれば、がんを治療して体力を回復させることもできるでしょうから、闘う意味があるかもしれません。

しかし、おトシヨリには、若かりしころの体力や筋力もありません。あまりに代償が大きく、闘わないほうがいいかもしれません。

私は、おトシヨリには「闘病」より、**病気を受け入れてともに生きる「共病」をおすすめ**しています。面と向かって闘うだけがいいのではありません。勝ち負けに一喜一憂することなく、**平穏に生きることが大事**になってくるような気がします。

孫子の兵法「闘わずして勝つ」は、おトシヨリにこそふさわしい言葉だと、私は思います。

大学病院へ行ってはいけない三つの理由

2015年に発覚した群馬大学病院の事件を覚えているでしょうか。

2010年から2014年の間に、消化器外科で行われた腹腔鏡手術で、術後、相次いで8人の患者が4カ月未満で死亡。執刀したのはすべて同じ医師でした。後に、同じ医師の手術を受けた患者さん計30人が死亡していたことがわかった事件です。

腹腔鏡手術の全国平均の死亡率に比べて6倍だったということですから、尋常ではありません。特殊なケースだとは思います。しかし、大学病院ならではという思いが私にはあります。

大学病院には二つの役割があります。一つは、最先端の高度医療を提供するというもの。もう一つは、医師を養成するというものです。

医療は日々進歩しています。最先端の医療が登場すれば、試してみたいと思うのは医師としてよくわかります。

腹腔鏡手術というのは、当時、急速に普及し始めた新しい手術法でした。お腹に数カ所穴を開け、細いカメラや手術器具を挿入して行う手術で、モニターに映しだされた患部の映像を見ながら手術するわけです。お腹を大きく切開する必要がないので、患者の負担も軽く、術後もいい。

問題だったのは、群馬大学で亡くなった8人の方は、腹腔鏡手術のなかでも、まだ安全性や有効性が確立していない研究段階の方法で手術されていたことです。

そのうえ、患者や家族に対しては十分な説明がなく、むしろ積極的に手術に誘導するような姿勢だった。

もちろん、これは一部の不祥事で、大学病院全体の話をしているわけではありません。

私が言いたいのは、大学病院は医師の養成機関である以上、どこでも起こる可能性があるということです。

大学病院は、若手の医師を訓練する場でもありますから、手術を受けるとき、主治医ではなく若い医師の〝練習台〟にされる可能性もあります。

言葉は悪いのですが、なにかあっても患者に訴えられることはないだろうと高をくっているのだと、私には思えます。

医師になめられてはいけません。

うるさい患者になりましょう。

医師に嫌われるなんて思わないで、どんどん質問する。

「手術する理由を知りたいので、教えてください」

「手術を担当するのは、どの先生ですか」

「ネットで調べたのですが、ほかの方法もあるようです。資料を見てもらえますか」

こんな質問をする患者の手術だと、訴えられるかもしれない。そう思わせることができれば、**医師は態度を改める**でしょう。少なくとも若くて手術が下手な医師の〝実験台〟にはされないと思います。訴えられないと思われると、彼らはいくらでも手を抜き実験台にしてきます。

もうひとつ、大学病院を避けたほうがいい理由があります。大学病院には各臓器の専門医はいますが、**高齢者診療の基本をわかっていない人が多い**ことです。高齢者診療の基本は、個人に合った診療をする総合診療です。年を重ねるにつれて、体の機能は個人差が大きくなってきます。患者さんの年齢や体調を総合的に判断できる医師による治療こそが、必要なのです。

決して、大学のブランド名や規模の大きさで判断してはいけません。

あなたの話をよく聞いて、体調の変化に気づいてくれる良い医師に出会ってほしいと思います。

第6章

認知症を先延ばしにする手引き

人はなぜ認知症になるのでしょうか。

答えは、シンプルです。年をとるからです。

年をとると髪が薄くなったり白髪になったり、肌にはシワやシミも増えます。同じように、脳も縮み、傷んできます。実際、多くのご遺体を解剖してわかったことですが、**85歳以上のすべての人の脳に、アルツハイマー型の認知症の変性**がありました。

症状は表れるけれど、あくまで老化現象のひとつであって、病気ではありません。**歳を重ねていけば、誰でも認知症になる**のです。

みなさんが認知症を怖いと思うのは、ある日突然、「自分や家族のことがわからなくなってしまう」と誤解しているためではないでしょうか。

でも、ちょっと考えてみてください。「朝起きたら、自分の髪の毛が全部なくなっていた」などということは、起こりません。だんだんと抜けて、薄くなっていくものです。

認知症も同じです。とてもゆっくりと進行していきます。じつは、脳の萎縮は40代のころから少しずつ始まっていますが、みなさんが気づいていないだけです。そのまま20～40年かけて、徐々に認知症が進んでいくわけです。

頭と体を動かして認知症の進行を防ぐ

認知症は、早期の発見が大事だとされています。しかし、今はまだ**認知症を治す薬はありません**。認知症の症状を抑えたり、進行をゆるやかにしたりする薬はありますが、「少しは効果がある」というレベルのものです。

私は、**認知症が心配になっても、すぐ病院には行かないほうがいい**と思っています。今の世のなかでは、認知症だと診断されると、すぐに判断能力を疑われてしまいます。

もし働いていれば役職から外されたり、仕事を任されなくなったりと、働く機会を失ってしまうかもしれません。周囲の人も、とたんに態度を変えたりするでしょう。

だったら、急いで医者に診てもらう必要はないと思います。大事なことは、認知症と診断されることではありません。**認知症の進行を、少しでも遅らせること**です。

では、どうすればいいのか。

認知症の進行を遅らせる最良の方法は、**頭を使い、体も使い続けること**です。これは、第2章でお話ししたことにも通じます。老化にブレーキをかける方法は、同じなのです。

ひとつ、その根拠となる例をお話ししましょう。

私は、東京・杉並区の浴風会病院に勤務しながら、月に2回ほど、茨城県鹿嶋市でも認知症の患者さんを診ていたことがあります。そのとき気づいたのは、鹿嶋市の患者さんのほうが認知症の進行が遅いということでした。

どうして、鹿嶋市の患者さんは、認知症の進行が遅いのか。

杉並区の患者さんの行動との大きな違いを見つけたのです。

杉並区は都心にありますから、患者さんが認知症と診断されると、ご家族が、「車の往来が多いから、外に出ると危ない」「ご近所に迷惑がかかるといけないから」と、家に閉じ込めてしまう傾向がありました。

ところが、鹿嶋市の患者さんたちは、認知症と診断されても、変わらぬ生活を続けていました。

自由に外出して、戻る家がわからなくなっても、近所の人が家まで連れてきてくれます。ご自身は体が動くので、農業や漁業の仕事も続けられている。認知症になっても、体が覚えていれば仕事はできるわけです。

働いていれば、頭も体も使うことになります。生活も今までどおりで、なんの制約もいりません。これが認知症の進行を遅らせる理由だと私は考えています。

脳の7割が縮んでも発症しないこともある

もうひとつ、例をご紹介しましょう。

日本では2004年、『100歳の美しい脳　アルツハイマー病解明に手をさしのべた修道女たち』（デヴィッド・スノウドン著、藤井留美訳、DHC）として紹介されたアメリカの研究報告です。

医師のスノウドン博士は、修道女678人を対象に老化を多角的に調査しました。75歳以上のシスターを対象に、定期的に身体能力と精神能力の詳しい検査を行い、死亡時には解剖して脳の状態を記録しました。

その結果は、意外なものでした。

脳が萎縮し、アルツハイマー型認知症と診断されてもおかしくない状態なのに、亡くなるまでまったく症状が出なかった人が8％いたのです。

その8％の人には、ある共通点がありました。そのなかの一人、シスター・

メアリーの生活を検証しています。

シスター・メアリーは、中学校を卒業して修道院へ入り、84歳まで数学の教師を務めた後は、精力的にボランティア活動をし、101歳で亡くなりました。

死後、解剖した結果、彼女の脳は7割（870グラム）まで萎縮していました（成人女性の脳の重さは1100〜1400グラム）。しかし、亡くなるまで彼女の認知機能は正常でした。

報告書では、**毎日、規則正しい生活を送り**ながら、奉仕活動などを通じて**人とのかかわりをもち続けていたこと**が、発症しなかった理由だとしています。

認知症は老化現象ですから、脳が萎縮していくことは避けられません。しかし、脳が萎縮することと、認知症になるということは、必ずしもイコールでないということです。

脳は未開拓の臓器です。まだ解明されていないことが多い。じつは**10％程度しか使われていない**と唱える人もいます。とりわけ前頭葉の使用は、ごくわずかです。**全体が縮んだとしても、使う余地はふんだんに残されているの**です。

認知症になっても進行はゆっくりです。頭も体も使う生活を続けていけば、いつかは症状が出るにしても、先延ばしできる。鹿嶋市のおトシヨリたちや、シスター・メアリーが教えてくれているのです。

おしゃべりが認知症の進行を緩める

どうやって頭と体を使うのか、もう少し話を続けましょう。

働くことやボランティアがいいのは、**人と話す機会が増える**からです。とくにおしゃべりは、相手によって話題がどんどん変わりますから、頭をよく働かせることになる。前頭葉が刺激されるわけです。

さらに、**声を出す**のもいいようです。趣味の詩吟を続けている認知症の患者さんを何人か診てきましたが、あまり進行が目立たない。そう考えると、**カラ**

オケも効果があるように思います。声を出すことで全身を使います。それに、なによりも楽しい。カラオケ好きな人なら毎日歌いたくなるでしょう。

シスター・メアリーも、毎日、規則正しい生活を送っていました。定期的に楽しいことをして、習慣にできれば、ずっと続けられます。第２章でもお話ししたとおり、**続けることで効果が出てくる**のです。

もうひとつ、**料理をする**ことも効果があります。

料理をしてみるとわかりますが、いろいろな作業を併行して進めなければいけません。食材を切りながらみそ汁の鍋を火にかけ、炒め物の準備をする。同時に、冷凍食品を電子レンジで解凍するなど、頭と体をめまぐるしく働かせることになります。

献立も、毎日同じでは飽きてきます。違うものを食べたくなりますから、自然に工夫するようになります。

料理をするためには、食材を買いに行くでしょう。店内を歩き、品物を選ぶだけで、頭と体を使います。日々の生活のなかで、自然に認知機能を高めることができるのです。

「脳トレ」をやるならカラオケに行こう

反対に、ほとんど無意味なものもあります。

脳機能を落とさないためにと「数独」「100マス計算」など、「脳トレ（脳力トレーニング）」本を開いているおトシヨリを見かけますが、認知機能の低下予防には、あまり効果はありません。

たしかに、毎日「数独」や「100マス計算」を繰り返しやれば、練習した課題のテストの点数は上がっていきます。しかし、同じ人に、別の認知機能テストをさせてみると、まったく点数が上がらないのです。腕の筋肉を鍛えても脚の筋肉がつかないのと同じことです。

実際に、欧米の調査研究で、「脳トレ」をいくらやっても、ほかの認知機能にはまったく波及しないことが、実証されています。与えられた課題のトレーニングになるだけで、脳の認知機能はなにも変わらなかったということです。「脳トレ」をするよりも、カラオケで歌ったり料理をしたりと、**日常生活で行うことを楽しく続けるほうが、よほど効果があるということです。**

認知症の症状には段階がある

85歳以上の人の脳には、変性が起こるとお話ししました。年を重ねていけば、いつかは症状が出てくるのです。

認知症は多くの場合、**「もの忘れ」**から始まります。

患者さんは高齢ですから、ご家族に付き添われて診察に来られる場合がほとんどです。

「どうされましたか?」と聞くと、ご家族が「おじいちゃんが、5分前のことも忘れてしまうようになって……」と不安そうに話し、「認知症でしょうか?」と聞いてきます。

しっかりしていたおじいさんが、5分前のことを忘れてしまうようになったら、ご家族はショックでしょう。心配するお気持ちはよくわかります。

もし認知症ならば、次に起こるのが**「失見当識《しっけんとうしき》」**です。場所や時間の感覚が鈍くなり、道に迷ったり、いま何時なのかがわからなくなったりします。たとえば、夜中なのに、朝だと思って外出しようとしたりします。

そして、「失見当識」の次は、**「知能低下」**が起こります。少し落ちてきたというレベルではなく、人の会話が理解できなくなるとか、本を読んでも内容が頭に入ってこなくなる、テレビを見ていても意味を把握できない、などです。認知症は、このような段階を時間をかけて進んでいきます。

ただ、「もの忘れ」がひどくなったからといって、すぐに認知症と診断するわけではありません。もの忘れの原因が、ほかにも考えられるからです。

認知症以外で考えられるのは、脳腫瘍や、甲状腺機能低下などがあります。それ以上に多いのが、うつ病と男性ホルモンの低下です。まれに、正常圧水頭症のときもあります。

正常圧水頭症とは、脳を保護する脳髄液が脳室に過剰にたまって脳が圧迫されることで、認知症と似たような症状が出ます。これは、脳髄液の流れを脳室以外に流す手術をすれば治ります。

こういうこともあるので、すぐに「認知症だ」と決めつけるのは乱暴だと思います。

認知症の症状を知る

認知症には、いろいろな種類があります。

ただ、どれも治療薬はなく、症状が進行性なので対応に大きな差はありません。

あまり認知症になった原因にこだわる必要はないと、私は思います。ただ、認知症の種類によって、症状の表れ方がさまざまですので、ここでは代表的な「4大認知症」の症状や原因、対応についてご説明します。

●アルツハイマー型認知症

65歳以上の人でいちばん多く見られる症状です。脳神経細胞の外側に、アミロイドβ《ベータ》という「脳のゴミ」と呼ばれる不要なたんぱく質の沈着が、多く見られるようになります。その影響で、神経細胞が徐々に死んでいき、脳が萎縮していきます。進行は多くの場合、ゆるやかです。

アミロイドβが蓄積されても、認知症の症状が出ない人もいます。また、脳の萎縮があっても、進行がかなりゆっくりの人もいます。

症状としては、**昔のことは覚えているのに、直前のことが覚えられない、日にちや時間などの感覚がなくなる、近所で道に迷ってしまう、料理の手順がわ**

からなくなる、などです。症状の表れ方や進行の度合いは、人によって違います。周りの環境や、その人の脳の使い方によるところが大きく影響するからです。

アルツハイマー型認知症のリスクは加齢です。前述したように、85歳以上の全員の脳に、アルツハイマー型の変性があったことからもわかります。

●レビー小体型認知症

「レビー小体」とは、神経細胞にできる変性したたんぱく質で、大脳皮質や脳幹にたまり、神経細胞を壊してしまいます。

この認知症の特徴は、手足が震える、筋肉がこわばるなどの**パーキンソン病の症状が出る**こと、そして**幻視**です。

子どもが枕元に座っていたり、ふとんが人の形に見えたりします。恐怖のために、大声を出したり暴れたりすることが増えます。しかし、ご本人は病気であるという認識がありません。そのため、妄想型の精神病と疑われたりします。

高齢者の認知症の4～20％を占め、男性のほうが女性の2倍、発症しやすい傾向があります。

症状に対応する薬を使うしかないのですが、幻視を止めるために抗精神病薬を使うとパーキンソン症状が出やすく、パーキンソン症状の治療に効く薬を使うと幻視が出るため、薬剤調整が難しいとされています。

患者さんの生活や介護の状況をよく観察して、症状に合わせて処方することが大事です。

●血管性認知症

脳卒中（脳血管障害）によって、脳の神経細胞が壊死することで表れる認知症です。

脳梗塞などが原因で、脳の血管が詰まって脳に酸素が運ばれなくなり、神経細胞や神経線維が死んでしまいます。

症状には**記憶障害**のほかに、**言語障害**や**歩行障害**、**抑うつ状態**になったり、感情をコントロールできずに突然泣いたり怒ったりする**「感情失禁」**という症状もあります。

血管性認知症の特徴は、**症状がまだらに出る**ことです。一日のなかで、各症状が良くも悪くも、大きく変動して表れます。ただこのような純粋な血管性認知症は、とても少ないことがわかってきました。

認知症以外にも、運動麻痺になって歩行障害や尿便失禁などの症状が出ることもありますので、体を動かすなどのリハビリも必要です。

●前頭側頭型認知症

前頭葉と側頭葉の神経細胞に変異したたんぱく質の塊が現れ、脳の前頭葉や側頭葉が萎縮してさまざまな症状が表れます。

前頭葉は、思考や人格、理性、感情にかかわる部分です。そして、側頭葉は言葉、記憶、聴覚をつかさどります。これらが正常に機能しなくなると、社会性に影響が出ます。

そのため、**痴漢や万引きなどの反社会的な行動を起こす**こともあります。もの忘れや知能低下などの認知症に多い症状が初期では目立たないため、ご本人も家族の方も、認知症だと気がつかない場合もあります。

40〜60代に発症することが多く、人格が変わったなど気がついたら、早く専門医に診てもらうことです。ほかの認知症と違い、指定難病に認定されていて、患者数は全国で1万2000人ほどです。**本人に自覚症状がないのも特徴**ですので、これまでの本人からは考えられないような反社会的な行動をとるようになったら、まずはご家族が医療機関に相談してください。

細かく見ていけば、ほかにも認知症の原因となる疾患はあります。共通するのは、完治は困難で、最終的には同じような経過をたどるということです。

認知症は治すことができませんが、頭と体を使い続ければ遅らせることができると、繰り返しお話ししてきました。これはどのタイプの認知症でも共通して言えることです。

認知症と診断されても、多くはゆっくり進みます。家に閉じこもってしまうと、認知症が一気に進みますから、そうならないために前頭葉を刺激する生活を続ける。それが大事なのです。

認知症専門医が認知症になって伝えてくれたこと

２０２１年11月13日、精神科医の長谷川和夫さんが亡くなりました。92歳でした。

長谷川さんは、認知症の診断に必要な検査法を開発された方です。「１００から7を順番に引いてください」「三つの単語を言いますから（猫・ハサミ・電車などランダムに挙げる)、後から答えてください」など、脳ドック検査を受けたことがある方は、覚えているでしょう。この方法は、「長谷川式簡易知能評価スケール」と言われています。

現在でも認知症の診断で使われていて、医療や福祉の要介護度の判断材料になっています。

長谷川さんは、日本を代表する認知症の専門家と言っていいでしょう。その長谷川さんは2017年に、認知症であることを講演会で公表しました。

当時、長谷川さんは88歳。おトシヨリなので、もの忘れは当たり前でした。しかし、あるときから「鍵をかけ忘れたと思い、戻って確認したはずなのに、またすぐに鍵をかけたかどうか不安になる」「カレンダーを見て日付を確認したばかりなのに、すぐ忘れてしまう」ということが起こり始めました。これはただのもの忘れではないと感じて、きちんとした検査を受けたそうです。

長谷川さんは、のちに認知症とわかったときの心情もお話になっています。

「ボク自身でいえば、認知症になったのはしょうがない。年をとったんだから。長生きすれば誰でもなるのだから、当たり前のこと。ショックじゃなかったといえば嘘になるけれど、なったものはしかたがない。これが正直な感想でした」「**しかたがない**」という長谷川さんの発言は、認知症になったとき、とても参考になる言葉です。

老化現象ですから、85歳を超えていたら、来るべきものが来たということです。でも、そこで終わりではないことも、長谷川さんはご存じなのです。

長谷川さんの認知症は、「嗜銀顆粒性《しぎんかりゅうせい》認知症」というもので、80代の高齢期に表れやすい、進行がゆるやかなタイプのものでした。

長谷川さんが認知症を公表した理由は、認知症の正しい知識を知ってほしいという一念でした。その言葉どおり、精力的に講演会で話をし、本も執筆していました。

認知症を発表してから1年後に、改めて検査したところ、脳の海馬の縮小は見られず、進行は非常にゆっくりでした。

その理由は、認知症を公表してから、取材で人に会ったり、全国各地から講演会に呼ばれて話をしたりする機会が増えたのが、かえってよかったと分析しておられました。

認知症と診断されても、すぐになにもできなくなるわけではないのです。長谷川さんが認知症と診断されたのは、88歳のときでした。この年になると、すべての人に脳の萎縮があることはお話ししました。認知症になると、ゆるやかな坂をゆっくり下っていきますが、**できることは残されている**のです。

認知症予防にはメモが効く

長谷川さんのように、人と話す機会を増やすことで、認知症の進行を遅くすることができます。長谷川さんご自身がいい例です。

もうひとり、もの忘れをうまくカバーした人を紹介しましょう。

もの忘れは、認知症の代表的な症状です。約束を忘れてしまうなどして、生活に直接支障をきたす場合が多い。私は、認知症の初期症状の人には、**メモをとる**ことをすすめています。

メモをとるとは、アウトプットすることですから、脳のトレーニングにもなります。メモをとる習慣が身についた方は、多少ボケても仕事をすることができます。

映画『ふたり』（監督：大林宣彦　主演：石田ひかり　１９９１年）や、映画『時をかける少女』（監督：角川春樹　主演：中本奈奈　１９９７年）などの脚本を手がけたシナリオライターの桂千穂さんは、90歳で亡くなりました。

晩年まで本を書いたり、日本シナリオ作家協会シナリオ講座の学長を務めたりするなど、精力的に活動されていました。

桂さんは、80歳をすぎたころから「頭のこのへんの細胞がなくなっているのが、自分でもわかる」と周りの人に語っていたそうです。もの忘れがひどくなってきていました。

そこで桂さんは、**三つある部屋それぞれに大きめのカレンダーを置いて、それらすべてに、忘れてはいけない事柄を書き込んでいった**のです。その結果、約束を忘れるといったトラブルもなく、亡くなるまで仕事を続けることができたのです。

桂さんは独身でした。同居していた妹さんが亡くなってからは、驚くことに高齢でも一人暮らしをしながら仕事もしていたのです。認知症になっても、一人で社会生活を送ることができるという好例でしょう。

桂さんも、晩年になるまで仕事を続けることで、認知症の進行を遅らせることができたのだと思います。

もの忘れがひどくなっても、彼のように工夫すれば、カバーすることができるのです。失ってしまったものは、あきらめるしかありません。しかし、補うことはできる。それを教えてくれていると思います。

認知症とは「素」の自分に戻っていくこと

認知症になると子どもに戻っていくと思っている人がいますが、これは大きな間違いです。今はないと思いますが、かつて介護施設のなかには、おトシヨリを幼児のように「ちゃん」づけで呼んでいるところがありました。人生の先輩方に対して、大変失礼な言い方です。おトシヨリは、子ども返りするのではありません。

認知症になると、脳の機能がどのような順序で衰えていくのかをお話しします。

脳の表面にあって、親の躾《しつけ》や学校教育、社会から受けた教育など、長年培われた知識と情報の集大成が「認知脳」です。この「認知脳」の下には、喜怒哀楽を表す「感情脳」があります。そして、その下には、人間の核になる、その人らしさが詰まった脳があります。

認知症では、いちばん上の「認知脳」の機能が失われ、次に「感情脳」が壊れていきます。最後に残るのが、その人らしさが詰まった脳になると長谷川先生が書いておられます（『ボクはやっと認知症のことがわかった』ＫＡＤＯＫＡＷＡ）。私の臨床経験に近いものです。

ですから、認知症になると、最後は、本来その人自身の「素」が現れてくるということです。

オーストラリアの政府高官だったクリスティーン・ブライデンさんは、46歳のときに認知症と診断され、認知症の人の尊厳を保つべきだと本を出版されました。著書『私は私になっていく　認知症とダンスを』の最後に、こう記されています。「自分らしい脳になって私は最も私らしい私に戻る旅に出るのです。だから私を支えてください」と。

認知症は子どもに戻ることではない。**素の自分に、飾らない本来の自分に戻っていくということなのです。**

認知症の介護では「否定しない」が大原則

認知症の対応は、キュア（治療）からケア（介護）に移行していきます。

ここからは、ご家族に向けてお話しします。まだ認知症になっていない方、なっていても軽度の方は、あまり進まないうちにこの項目を読んで、介護の希望があれば、ご家族に伝えておくことをおすすめします。

認知症が進んでくると、生活にさまざまな支障が出てきます。以前はふつうにできていたことが、できなくなってきます。記憶がだんだん曖昧になってきます。朝ご飯を食べたことを忘れて、まだ食べていないと何度も言う。いろいろなところに物を置き忘れてくるなど、日常生活に影響が出てきます。普段の様子からかけ離れた言動は、家族にとっては衝撃的で、家族なのに〝別人〟に映ってしまうかもしれません。

そう思うと、以前とは違う接し方になってしまう。前のように会話ができないと決めつけて、相手に対してつい高圧的な態度をとったり、きつい口調で否定したりしがちです。しかし、このように接してしまうと、認知症当事者をいら立たせたり、不安にさせたりする原因になります。

知っておいてほしいのは、認知症とは、正常だった知的機能が徐々に低下し、**日常生活や社会生活に支障をきたすもの**なのです。そして、認知症の人自身が、少なくとも初期の間はストレスを感じ、落ち込み、絶望を感じているのです。周りの人たちに自分を理解してほしいと、切望しているはずです。

家族に求められるのは、認知症の人を〝別人〟扱いしないで、そのままの状態で受け入れることです。

たとえば、子どものあなたに面と向かって、「あなたは誰ですか？」と聞いてきたら、パニックになって、「なに言ってるの！」「しっかりしてよ！」と叫びたくなるし、愕然とするでしょう。

でも、相手を責めたりせずに、「私のことを忘れたかもしれないけれど、私はよく知っているから大丈夫、心配いらないよ」と、安心させるような言葉をかけてください。そうすると、相手は落ち着きを取り戻すと思います。

これが、**認知症の人をそのまま受け入れる**ということです。

仲間はずれにしてはいけない

認知症の進行を遅らせるには、会話が大事だとお話ししました。

認知症になったご家族を「別人になってしまった」と捉えてしまうと、コミュニケーションの機会が損なわれてしまいます。そのうえ、認知症が進んだ人は、脳の機能が低下すると、会話をしなくなることがあります。反応も鈍くなっていきます。しかし、会話が大事であることは変わりません。

周囲の人たちは、気遣いを忘れて、「この人には、もうなにを言ってもわからない」と、認知症の人の前で人格を傷つけることを言ってしまう場合があります。しかし、**話の内容は本人にも聞こえています**。言い返してこないのは、必ずしも理解していないからではないのです。

否定されれば本人は傷つき、その悲しみや不安が症状を悪化させてしまいます。ですから、認知症になる前と同じように、本人を尊重する言動を心がけてください。

また、なにかを決めるときも、「話しても無駄だから」と、本人を無視してどんどん話を進めてしまうことも、よくありません。本人にも意思があることを認識し、結果はどうあれ、**相談するのは必要**だと思います。家族から仲間はずれにされたという思いも、本人を傷つけてしまう原因になります。

本人のペースに合わせる

相談するにしても、立て続けに「こうしましょうか」「これでいいですね」と話を進めると、本人は混乱して、思っていることを話せなくなります。

また、認知症になると、同時にいくつものことを理解するのが難しくなってきます。一度にいろいろなことを言われると、戸惑ってしまい、話についていけません。**相談するときは、わかりやすい言葉で、ひとつずつ聞く**ようにしてください。

本人から返事がもらえるまでには、時間がかかります。本人も、すぐに反応できないことにストレスを感じているのです。急《せ》かさずに、**本人が話し始めるまで待って、注意深く聞く**ことです。

認知症の人には、しっかりと向き合う姿勢がとても大事で、それが本人に安心感を与えるのです。

話しかけるときの距離は、**近すぎず遠すぎない1メートルほどの間隔がよい**でしょう。目線の高さも大事で、上から見下ろすのでもなく、下から見上げるのでもなく、**同じ高さで、目と目を合わせる**。対等に向き合っているという印象を与えることです。

認知症になると、家族や身近な人の接し方が変わってくるというのは、現実にあります。認知症の人は、不安を抱えながら生活していることもあるので、**いかに安心感を抱いてもらえるかが大事**なのです。

家族が認知症を受け入れるというのは、本人の生活に支障が出てきても、認知症とは「そういうもの」だと理解し、共感することに尽きます。

在宅介護にこだわらなくていい

私は映画監督として、介護をテーマにした作品を1本撮っています。『「わたし」

の人生《みち》――我が命のタンゴ』（主演：秋吉久美子　２０１２年）というものです。

橋爪功さんが演じる元大学教授・堂島修治郎が、秋吉さんが演じる長女・百合子が教授になったときに、前頭側頭型認知症（２０３ページ参照）になり、痴漢や万引きをして警察に連行されてしまう。百合子は介護施設への入所をすすめますが、父親の修治郎に強硬に拒否されたあげく、介護に疲れ果ててうつ症状に陥り、仕事を辞めてしまう。

そんななか、ひょんなことから入ることになったデイサービスで、修治郎はアルゼンチンタンゴを習い始め、仲間との交流を通じて問題行動が減ってきたときに介護施設に入るのです。そのときには修治郎の認知症は進んでいるのですが、再び、できなくなったとあきらめていた講演会を開くことができる、という物語です。

私がこの映画を撮った動機は、二つあります。

一つは、介護施設は、自分と同じ境遇の仲間がいて、認知症の人もリラックスできる場所だと伝えたかったこと。

もう一つは、日本に根強く残っている「在宅介護信仰」への疑問です。『恍惚の人』（有吉佐和子による小説が原作）から始まって、認知症を題材とした日本映画は、すべて在宅介護を前提にしています。観る側も、それが当たり前なことだと受け止めている。これは、暗に推奨していると言ってもいい。

日本の古来からある慣習で、「親の介護は家族で（主な介護者は長男の嫁）」として、家庭内で世話をするのが美徳だという価値観の影響もあるかもしれません。

ですから、今でも在宅介護を良しとして、介護施設に入れることに抵抗感をもつ人がいます。

認知症は、ゆっくりですが進んでいきます。いつかは、家族にも支えきれないときが来る可能性もあります。映画では、娘は介護うつになり、大学教授の仕事を手放しました。

たしかに、介護保険制度が始まる23年以上前は、劣悪な老人病院や介護施設があったことは事実です。しかし、第４章でもお話ししたとおり、今はとても充実しています。職員のレベルもかなり高い。

認知症は、家族の支えがとても大事だとお話ししてきました。認知症の症状を理解して、「そういうものだ」と受け入れることが、認知症になった人にとっても、ご家族にとってもいちばんいいことだともお話ししてきました。

しかし、無理をしすぎると、この映画で描かれているように、介護する側が壊れてしまうこともあります。

周囲の人たちの手助けもあるから、在宅介護でも大丈夫ということであれば、問題はないと思います。しかし、**負担が大きすぎて大変なのであれば、介護のプロの手に委ねたほうが、双方にとって幸せ**なのではないでしょうか。そのような思いを込めて、私はこの映画を撮りました。

映画では、修治郎はあきらめていた講演会を介護施設で開くことができましたし、（映画のエンドロールで触れましたが）百合子も自分の時間を取り戻すことができました。そして、その精神的な余裕のために、在宅介護をしていた本人の能力に家族が気づくことになるのです。

介護の要は、本人の意思を尊重するとともに、行政サービスや介護施設をフル活用して、本人と家族が共倒れにならないことです。

家族の幸せをいちばん願っているのは、認知症になった親御さんご本人ではないでしょうか。

エピローグ　「最期」について思うこと

余命2年かもしれない。

私は、一度だけ死を覚悟したことがあります。

3年前の正月のことです。風邪をひいて、喉が渇いてしかたがない日が続きました。

アルバイト先の病院で、院長が念のためにと採血したところ、血糖値が660ありました。重度の糖尿病です。体重も月に5キロ減っていました。院長から膵臓《すいぞう》がんの疑いがあると言われたのです。インスリンが出なくなるような膵臓がんなら、末期です。余命は2年だと思いました。

このときまでに、がん放置療法で知られる近藤誠先生と何度か対談をしていたこともあって、もしがんが見つかっても、治療は受けないと決めていました。

当時、抱えていた仕事が相当ありましたし、書きたい本もあった。治療すれば体力が落ちて、仕事のほとんどはできなくなると思ったからです。

だったら、この1年くらいは大した症状も出ないだろうから、思いっきり仕事をして、どうせ死ぬなら今のうちに借りられるだけお金を借りて（借金を踏み倒される方には、申し訳ないのですが）、つくりたい映画を撮ろうと決めました。最後の何カ月かは仕事ができなくなるが、貯金は足りるだろうかとは思いましたが、幸い子どもたちは成人して巣立っているので、そんなに迷惑はかけないだろう、などいろいろ考えていました。

結局、いくつか受けた検査でがんは見つかりませんでしたが、そのとき考えたことは今でも活かされています。

がんが見つかっても放置し、残りの人生をできるだけ充実させるという私の決意は、揺るぎないものになりました。

恩師から言われた言葉「人間、死んでからだよ」

私の死生観にもっとも影響を与えたのは、『「甘え」の構造』（弘文堂）の著者として知られる土居健郎《たけお》先生です。

アメリカに留学していたときに、現地で週5回、私は精神分析を受けていました。日本で主流だった精神分析とは違い、患者の心を支えるその治療法に強く影響を受けたのです。

このアメリカで学んだハインツ・コフートの共感理論にもっとも近いのが土居先生の理論だと思い、帰国後、土居先生に手紙を書いて頼み込み、精神分析を受けることができたのです。

土居先生の精神分析を受けているとき、さまざまな悩みも聞いていただきました。あるとき、自分の本がなかなか売れない、知名度も上がらないと愚痴をこぼしたことがありました。

すると、土居先生は、

「和田君、人間、死んでからだよ」

と言ってくださいました。

現世で本の売れ行きや知名度にあくせくしなくていい。死後、世間の人たちがどう評価してくれるかのほうが、よほど大切だ。生前の人の評価に一喜一憂する必要はない。

この言葉は、今でも私の心に刻み込まれています。

『「甘え」の構造』を書かれた土居先生と違い、私には死んだ後も読み継がれるような著作はまだありません。ですが、老年医療や専門医療への批判を始めて30年近く経った今も、状況はほとんど変わっていませんから、私の主張は先々、評価されるかもしれません。

そして、私は映画も撮り続けるつもりです。1作くらいは死後もずっと残る作品が撮れないかと思っています。

不思議なことに、死後の評価が大事だと思うようになると、「お天道様が見ている」という気持ちが芽生えたのです。嘘つきと言われるような本を書かないようにしよう、テレビに出るために自分の考えを曲げるようなことはすまい、などと、より強く心に誓うようになれたのです。

お金を残さず記憶を残す

自分が死んだ後、誰が家を継いでくれるのか、自分の入る墓はどうするか。おトシヨリになれば考えると思います。

地方の墓地を訪れると、造りは立派なのに、誰もお参りに来た形跡がない墓をよく見かけます。墓の跡継ぎがいなくなったのでしょう。無縁墓となって荒れ放題になっていました。

非婚化が進み、今や男性の4人に1人は生涯未婚という状況です。その結果、少子化が加速するいっぽうです。

自分の家や墓を残そうと思っても、三世代先には家を継ぐ人も墓を守る人もいなくなることが、現実的になりつつあります。墓を処分する「墓じまい」という選択を考える人が、年々増えているといいます。

これからは、家も墓も、将来は絶えるものだという認識をもっておいたほうがいいのではないでしょうか。

墓をつくっても、三世代先にはほぼ無縁墓になってしまうのです。「人間は、死んでから」ですから、いずれ朽ち果てる墓にお金をかけるのではなく、この世の人たちの記憶に残るようなことにお金を使うのも、選択肢のひとつだと思います。

私は娘が2人います。2人とも他家に嫁いだので、私の代で和田家は途絶えることになりますが、私はそれでいいと納得しています。

ということで、和田家は途絶えますから、子どもたちに墓をつくってほしいとは思っていません。私が死んだら、海に散骨してくれればいいと思っています。

映画界では有名な、木村元保《もとやす》さんという鉄工所の社長がいました。当時はまだ助監督で、映画を一本も撮ったことがなかった小栗康平さんに、4500万円を用意して映画をつくらせたのです。

小栗さんの第1回監督作品『泥の河』(宮本輝による小説が原作)は、1981年のキネマ旬報ベスト・テン第1位、毎日映画コンクール日本映画大賞・最優秀監督賞、日本アカデミー賞最優秀監督賞、ブルーリボン最優秀作品賞、モスクワ国際映画祭銀賞など、日本のみならず海外でも高く評価され、今でも語り継がれる名作です。

よくそんな大金を出せましたねと周囲から聞かれて、木村さんは、「お金は残るかどうかはわからないけど、映画は残るから」と答えたそうです。残念ながら木村さんは67歳で亡くなりましたが、映画界では〝鉄工所のオヤジ〟であり自主製作映画マニアとして、語り継がれているのです。後に、小栗さんは「木村さんがいなければ、今の僕はない」と語っていました。

「人間、死んでからだよ」というのは、「あの人は素敵な人だった」「とてもお世話になった」と、最期にどれだけ泣いてくれる人がいるかではないでしょうか。黒澤明監督作品『生きる』（主演：志村喬　１９５２年）のお葬式シーンは、有名です。

市役所の市民課長、渡辺勘治は、胃がんで余命がわずかしかないと知ります。役所でハンコを押すだけの自分の人生を悔やみ始めた勘治は、死ぬまでになにかを成し遂げたいと思い、住民の陳情に応え、小さな公園建設に奔走します。

腰の重い役所の各部署を、住民とともに平身低頭して回り、ヤクザの脅しにも屈することなく、公園を完成させます。そして雪が降る夜、その公園のブランコに座って「ゴンドラの唄」を歌い、揺られながら亡くなるのです。

勘治の通夜の席には、公園の完成に感謝するたくさんの住民が詰めかけます。全員が、勘治の遺影を見上げながらすすり泣く。言葉はありません。ただただ泣くのです。

観ていない方は、是非ご覧いただきたいと思います。

子どもに財産を残す時代ではないと、すでにお話ししました。自ら貯えたお金は、自分たちの幸せのために使えばいいともお話ししました。

そのお金を、おトシヨリにとって最も貴重な財産となる「思い出づくり」に役立てませんか。ご自身の思い出として、この世に生きている人たちに残すのもいいように思います。

都心の一等地にお墓を建てようとすれば、1000万円以上かかります。そのお金を、故郷の図書館に寄付する、古くなった橋の修復費に充ててもらうなどすれば、人々の記憶にいつまでも残るのではないでしょうか。ひょっとしたら、橋にはあなたの名前がつけられるかもしれません。

職業柄、多くのおトシヨリの死に立ち会ってきた医師として、強く願うことがあります。

後悔することなく、幸せに人生の幕を閉じていただきたい。

高齢者医療に長くかかわるなかで培ってきた私の死生観が、少しでも皆さんの参考になれば幸いです。

おわりに

どんなに年をとり、いろいろな経験をしていても、先のことは誰もわからないという実感がどなたにもあるのではないでしょうか。読んでいただいた方にはわかっていただけるでしょうが、その不安に少しでもお答えしようというのが本書です。

85歳まで無事に生き、比較的健康で自立しているという人でも90歳になったときのことはわかりません。70代で脳梗塞になり、左半身が不自由になった人がリハビリでどこまでその機能が戻るかもわかりません。

ですから多くの人は、医者の言うことをあてにするのでしょう。

私はもともとは老年医学を専門にする予定ではなかったのですが、医学生時代に講義をろくに聞いていなかったことと、医局といわれる大学医学部の上下関係の強い組織に合わなかったことがあって、紆余曲折の後、プロローグで紹介した浴風会病院という高齢者専門の総合病院に勤務することになりました。

浴風会病院は、もともと関東大震災で、自分を介護してくれるはずのお子様などを亡くされた高齢者のためにつくられた浴風会という日本最初の公的な養老院（当時はそう呼ばれていました）に敷設した病院です。

ここで、高齢者に合わせた医療を行うことと、この老人ホームに入られた方を死ぬまで診療すること、そして亡くなった後に解剖をさせてもらうことを通じて、非常に多くのことを学ぶことができました。

こういう経験をしている医者は、残念ながら日本にはほとんどいません。

そして、この病院で得られた知見の多くは、これまでの医学常識と反したものでした。

血糖値が高い人も低い人も生存曲線が変わらないこと、年をとればたばこを吸う人も吸わない人も生存曲線が変わらないこと、85歳をすぎて脳にアルツハイマー型の変性や体中にがんがない人はいないことなどです。

その後も、約35年の間に6000人以上の高齢者の診療を行いました。

その結果、浴風会で学んだことはほぼ正しいという確信がもてるようになりました。

ということで僭越《せんえつ》とは思いますが、私なりに年をとったらこういうことが起こるよとか、こんなふうに生きたほうが健康的ですよということが言えるようになったと思っています。

少なくとも、ふつうの高齢者の方々や高齢者をろくに診ていない多くの医者たちよりは、あてになるこの先の見込みを書いたつもりです。

もちろん、高齢者とひとくくりに言っても60代で脳梗塞などの後遺症により知性や体に深刻な障害を抱える人もいれば、90代でも現役の学者や会社を経営できるほど元気で頭もしっかりした人もいます。老化は個人差が大きいので、すべての人に当てはまるとは思っていません。

それでも、本書で書かれたことのいくつかはご自分に当てはまることでしょう。先のことはわからないが、今を楽しみ、今を健康に生きることには役立つものだと信じています。

本書を通じて、少しでも生きるのが楽になった、前より元気に暮らせるようになったと思える方が数多くいらっしゃれば、著者として幸甚この上ありません。

末筆になりますが、本書の編集の労をとっていただいた毎日新聞出版図書第二編集部の峯晴子さんと、杉田淳さんにはこの場を借りて深謝いたします。

2023年2月

和田秀樹